Kursmaterial mit Audio-CD

45 Stunden Deutschland

Orientierungskurs
Politik • Geschichte • Kultur

von
Angela Kilimann
Ondřej Kotas
Johanna Skrodzki

Ernst Klett Sprachen
Stuttgart

45 Stunden Deutschland

Orientierungskurs Politik • Geschichte • Kultur

von
Angela Kilimann
Ondřej Kotas
Johanna Skrodzki

Beratung: Ina Schiffhauer, Jürgen Schweckendiek, Elke Benter, Arnold Kuppler

1. Auflage 1 5 4 3 | 2012 2011 2010 2009

Alle Drucke dieser Auflage können nebeneinander benutzt werden, sie sind untereinander unverändert. Die letzte Zahl bezeichnet das Jahr des Druckes.

Internet: www.klett.de

Redaktion: Coleen Clement
Layout und Herstellung: Katja Schüch
Illustrationen: Jani Spennhoff, Barcelona
Satz: Jasmina Car, Nürtingen; Ulrike Eisenbraun, Metzingen
Druck: Grafos S.A., Barcelona. Printed in Spain

ISBN: 978-3-12-675246-6
9 783126 752466

Liebe Lernende, liebe Lehrende,

45 Stunden Deutschland ist gemäß den aktuellen Vorgaben des Bundesamtes für Migration und Flüchtlinge (BAMF) für Orientierungskurse konzipiert. Mit den Texten, Aufgaben und Übungen können Sie grundlegendes Wissen über Deutschland vermitteln bzw. Ihre landeskundlichen Kenntnisse erweitern und den abschließenden Test absolvieren.

Wie ist *45 Stunden Deutschland* aufgebaut?

Module / Kapitel

45 Stunden Deutschland ist in drei Module unterteilt und hat zwölf Kapitel. Am Anfang und am Ende gibt es jeweils eine Doppelseite, um Sie in den Kurs und das Buch einzuführen und um abschließend den Kurs zu reflektieren.

„Was ist ...?"-Doppelseite

Zu Beginn jedes Moduls gibt es mit den „Was ist...?"-Seiten eine Einführung, um Sie auf die Bereiche Politik, Geschichte und Kultur einzustimmen. Sie haben hier vier bzw. fünf Aufgaben zur Option und können eine oder mehrere auswählen und im Kurs bearbeiten.

Themen

Die Texte, Aufgaben und Übungen in den Kapiteln decken alle Lerninhalte des Kurses (s. *Curriculum für einen bundesweiten Orientierungskurs*) ab und sind damit eine gute Vorbereitung für den Test. Die seitlichen Verweise können Sie nutzen, um die Themen miteinander zu verknüpfen und Zusammenhänge herzustellen. Die Lösungen zu den Aufgaben und Übungen finden Sie hinten im Buch.

„Fit für Deutschland – Das muss ich wissen!"

Die „Fit-Seiten" fassen die wichtigsten Lerninhalte am Ende der Kapitel noch einmal übersichtlich zusammen. Wenn Sie sich schnell erinnern und informieren wollen, können Sie hier nachsehen. Auf diesen Seiten finden Sie auch Lerntipps und das CD-Symbol, das Sie auf die passenden Tracks verweist.

Audio-CD

Mit der CD können Sie wichtige Themen im Kurs oder zu Hause noch einmal wiederholen und vertiefen. Die Transkription der Hörtexte und die Arbeitsblätter (als Download unter www.klett.de/45stundendeutschland) unterstützen Sie dabei.

Glossar

Die Begriffe, die Sie am Ende kennen sollten, sind im Buch unterstrichen und damit immer wieder leicht aufzufinden. Das komplette Glossar befindet sich im Anhang. Alle unterstrichenen Begriffe können Sie hier nachschlagen.

Wir wünschen Ihnen, dass Sie interessante 45 Stunden verbringen!
Das Autorenteam und der Verlag

Inhalt

Orientierungskurs – Einführung 6

sich orientieren | Aufbau und Ziele des Kurses | Interessen und Wünsche

Modul 1: Politik in der Demokratie

Einführung in das Modul: Was ist Politik? 8

Die Strukturprinzipien des deutschen Staates 10

Bundesstaatlichkeit, Bund, Land, Gemeinde, Föderalismus | Demokratie | Rechtsstaat, Gewaltenteilung | Sozialstaatlichkeit, Fürsorgepflicht, Art. 20 GG

Grundrechte und staatsbürgerliche Pflichten 16

Grundgesetz, Art. 1–19 GG | Bürger- und Menschenrechte | Pflichten

Verfassungsorgane, Parteien und Staatsymbole 22

Bundestag | Bundesregierung | Bundesrat | Bundesverfassungsgericht | Bundespräsident | Parteien | nationale Symbole

Sozialstaat 28

Sozialversicherungssystem | Pflichten | Armut | private Vorsorge

Politische Beteiligung und Teilhabe 34

Bundestagswahlen, Wahlsystem | ehrenamtliches Engagement, Bürgerinitiativen, Ausländerbeiräte | Rolle der Medien

Modul 2: Geschichte und Verantwortung

Einführung in das Modul: Was ist Geschichte? 42

Der Nationalsozialismus und seine Folgen 44

NS-Diktatur | Holocaust | Zweiter Weltkrieg, Flucht und Vertreibung | Widerstand

Wichtige Stationen in der Geschichte Deutschlands nach 1945 50

Stunde Null | Wiederaufbau, Gründung der Bundesrepublik Deutschland, DDR | Kalter Krieg | Mauerbau | Annäherung von Ost und West

Leben im wiedervereinigten Deutschland und in Europa 54

friedliche Revolution in der DDR, Wiedervereinigung | Zusammenleben, innere Einheit | Motive und Ziele der europäischen Integration

Modul 3: Mensch und Gesellschaft

Einführung in das Modul: Was ist Kultur? **58**

Zusammenleben in der Familie und anderen Lebensgemeinschaften **60**
Lebensformen | Funktionen der Familie, Art. 6 GG | Gleichberechtigung und Gleichstellung, Art. 3 GG | Bevölkerungsentwicklung, Alter, Rentensystem

Erziehung und Bildung in Deutschland **66**
Bedeutung von Erziehung und Bildung, Erziehungsziele | Berufs- und Bildungschancen | lebenslanges Lernen

Interkulturelles Zusammenleben **70**
interkulturelle Begegnungen | Werte, Normen, Regeln, Verhalten im Alltag, Zeitverständnis | interkulturelle Kompetenz

Religiöse Vielfalt **76**
unterschiedliche Religionen und Weltanschauungen | Art. 4 GG | Bedeutung von Religion | Kirche und Staat | interreligiöse Konflikte und Dialog

Orientierungskurs – Abschluss **80**

Zukunftsperspektiven | Einbürgerung | Abschlusstest, Evaluation

Anhang

Glossar **82**
Transkriptionen **86**
Lösungen **94**
Quellenverzeichnis **96**

Symbol-Legende

Die **Infotexte** enthalten die wichtigsten Informationen und Zusammenhänge.

Im **Infokasten** stehen zusätzliche Hintergrundinformationen.

Das sind die **Artikel im Grundgesetz**, die Sie kennen sollten.

Die **Verweise** machen auf schon behandelte oder verwandte Themen aufmerksam.

Das **CD-Symbol** verweist auf die passenden Tracks.

Die **Lerntipps** unterstützen Sie bei der Wiederholung des Lernstoffs.

Aufgaben mit diesen Symbolen sind **Partner-** oder **Gruppenaufgaben**.

Die **Link-Verweise** zeigen Ihnen, wo Sie im Internet weitere Informationen bekommen können.

Orientierungskurs – Einführung

1 Sehen Sie sich die Bilder und die Sprechblasen an. Welche Aussage passt zu welchem Bild?

Man muss Kontakte knüpfen, um gesellschaftliche Regeln kennenzulernen. Seit ich die Regeln kenne, kann ich mich besser orientieren.

In einer fremden Stadt brauche ich immer einen Stadtplan zur Orientierung. Ohne Stadtplan finde ich mich nicht zurecht.

Ich war heute in einer Beratungsstelle. Zur beruflichen Orientierung. Jetzt kenne ich den Weg zum Hauptschulabschluss und zu einer Ausbildungsstelle.

Ich habe in letzter Zeit viel über Deutschland erfahren. Dieses Wissen verschafft mir eine bessere Orientierung. Ich verstehe die Menschen jetzt besser.

Ich habe mir ein Ziel gesetzt. Wer weiß, wie es in der Zukunft weitergehen soll, kann sich leicht weiterorientieren.

2 Wo und wann ist eine gute Orientierung wichtig? Ergänzen Sie den Wortigel und sprechen Sie darüber im Kurs.

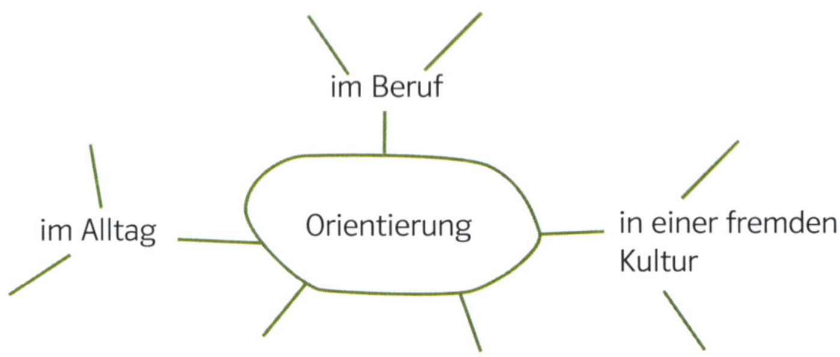

3 Orientierung in der eigenen Lebensplanung. Versuchen Sie, die folgenden Fragen für sich persönlich zu beantworten. Wenn Sie möchten, berichten Sie darüber im Kurs.

Wo stehe ich?
Das habe ich schon geschafft:

Wohin will ich?
Das ist mein Ziel:

Auf welchem Weg komme ich dahin?
Da klappt es schon gut mit der Orientierung:
Da klappt es noch nicht mit der Orientierung:

4 **Orientierung in Deutschland – was braucht man dazu? Was müssen Sie wissen und können, damit Sie sich in Deutschland erfolgreich orientieren und integrieren können? Überlegen Sie gemeinsam im Kurs.**

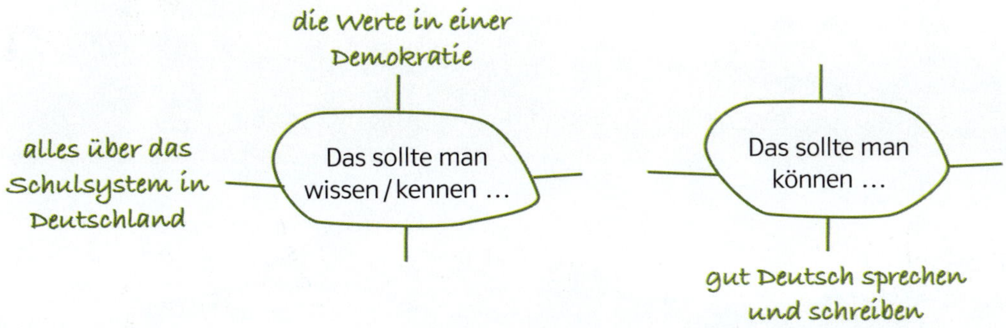

5 **Sich orientieren in *45 Stunden Deutschland* – worum geht es in diesem Buch?**

45 Stunden Deutschland ist in drei Module unterteilt:

Modul 1: Politik in der Demokratie

Modul 2: Geschichte und Verantwortung

Modul 3: Mensch und Gesellschaft

a PA **Arbeiten Sie zu zweit. Lesen Sie die Fragen. Zu welchem Modul gehören sie? Schreiben Sie das passende Modul unter die Fragen.**

Was ist das Grundgesetz?
____

Was ist im Alltag in Deutschland wichtig?
Modul 3

Was ist ein Rechtsstaat?
____

Wie funktioniert das mit der Demokratie?
____

Welche Traditionen hat Deutschland?
____

Warum beschäftigen sich die Deutschen so viel mit ihrer Vergangenheit?
____

Wie ist das mit der Gleichberechtigung?
____

Was war die DDR?
____

Warum ist Toleranz so wichtig?
____

Warum ist die EU entstanden?
____

Darf man seine Religion frei ausüben in Deutschland?
____

Welche Werte sind den Deutschen wichtig?
____

b **Welche Themen interessieren Sie sonst noch in den Bereichen Politik, Geschichte und Kultur? Notieren Sie weitere Fragen. Vergleichen Sie dann im Kurs Ihre Interessen. Sprechen Sie auch über Ihre Erwartungen.**

Politik in der Demokratie
Was ist Politik?

1 Ein neues Land – wie soll es sein? Stellen Sie sich vor: Sie kommen in ein neues Land. Es gibt noch keine anderen Menschen. Sie können dieses Land gestalten.

a GA Arbeiten Sie, wenn möglich, in Gruppen mit gemischten Nationalitäten. Diskutieren Sie über folgende Fragen: Was darf man in dem Land machen? Was darf man nicht machen? Was ist wichtig für alle? Welche Werte sind wichtig?

b Schreiben Sie Ihre Ideen auf und geben Sie Ihrem Land einen Namen. Präsentieren Sie das Land den anderen Gruppen.

c Vergleichen Sie Ihre Länder. Gibt es Gemeinsamkeiten? Sind Ihre Ideen und Wünsche ähnlich?

2 Ist das Politik?

a Was meinen Sie? Lesen Sie die Situationen und kreuzen Sie an. Diskutieren Sie dann im Kurs.

	ja	nein
1. In einer Schule beschließt das Lehrerkollegium neue Regeln für die Pausen. Die Schüler und Schülerinnen sind dagegen. Sie planen eine Protestaktion.	☐	☐
2. Freunde treffen sich zum Grillen. Sie diskutieren über Parteien und die nächsten Wahlen.	☐	☐
3. Zwei Politiker sind in eine Talkshow eingeladen. Sie werden vom Publikum im Studio zu aktuellen Themen befragt.	☐	☐
4. In einer Region gibt es eine Naturkatastrophe. Eine Politikerin fährt in das Krisengebiet.	☐	☐
5. Eine Gruppe junger Menschen organisiert ein Musikfestival. Sie sammeln damit Geld für ein Kinderheim.	☐	☐
6. Eine Mutter achtet sehr darauf, dass ihr Sohn und ihre Tochter im Haushalt die gleichen Aufgaben erledigen.	☐	☐

b Fühlen Sie sich selbst als politischer Mensch? Warum? Warum nicht? Erzählen Sie.

3 Deutschland musste nach dem Zweiten Weltkrieg neu aufgebaut werden. Heute ist es eine funktionierende Demokratie. Was bedeutet das? Wie schafft man das? Sehen Sie sich die Collage an und sprechen Sie im Kurs.

Modul 2, Stunde Null, S. 50

Demokratie muss wachsen.

Demokratie kann man lernen.

Rechte, Pflichten und Entscheidungen tragen wir gemeinsam.

Demokratie braucht Kompromisse.

In einer Demokratie darf man alles sagen, auch unangenehme Dinge.

Eine Demokratie ist so gut wie ihr Volk.

Demokratie heißt, keine Angst zu haben vor dem Staat.

Demokratie ist nicht perfekt, aber besser als andere Staatsformen.

4 Demokratie ist nicht nur ein politisches System. Demokratie ist auch wichtig im Zusammenleben der Menschen.

a GA Bilden Sie Kleingruppen und wählen Sie eine Szene aus. Wie entscheiden die Leute wohl? Spielen Sie die Szene zweimal: Einmal verläuft sie demokratisch, einmal autoritär. Sie können sich die Szenen auch gegenseitig im Kurs vorspielen.

b Kennen Sie solche oder ähnliche Situationen aus Ihrem Alltag? Wie laufen solche Situationen in Ihrem Leben ab? Sprechen Sie im Kurs.

Die Strukturprinzipien des deutschen Staates

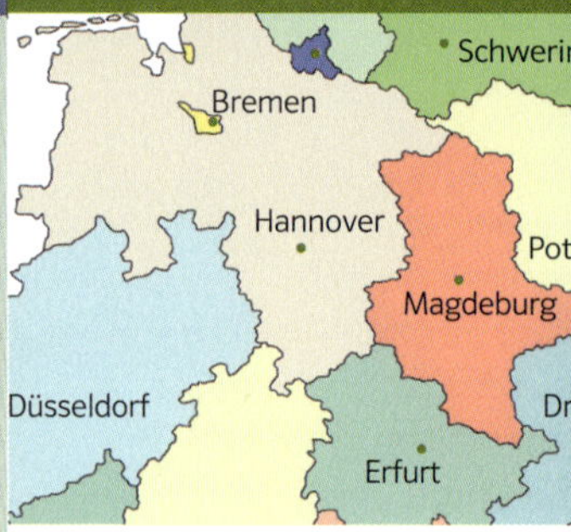

Der deutsche Staat ist nach vier Strukturprinzipien organisiert. Er ist ein Bundesstaat, eine Demokratie, ein Rechtsstaat und ein Sozialstaat.

Was genau bedeutet Bundesstaat und Bundesrepublik?

1 Ein Staat – viele Länder. Wie heißen die Bundesländer? Ergänzen Sie die Namen.

2 Was unterscheidet die Bundesländer? Was sind die Gemeinsamkeiten?

www.bpb.de/themen

a Lesen Sie den Text. Klären Sie die unterstrichenen Wörter im Kurs.

i

Es gibt eine Regierung für das gesamte Deutschland, die Bundesregierung. Sie regiert aber nicht allein. Denn jedes Bundesland ist in vielen Bereichen selbstständig, hat ebenfalls eine Regierung und macht selbst Politik. Man nennt dieses Prinzip Föderalismus. Deutschland ist ein föderativer Staat. Das heißt: Die Macht ist aufgeteilt zwischen der Regierung des gesamten Deutschlands und den 16 Bundesländern. Deshalb ist Deutschland ein Bundesstaat. Weil Deutschland ein gewähltes Staatsoberhaupt hat, den Bundespräsidenten, ist Deutschland eine Bundesrepublik.

b GA Was ist in jedem Bundesland unterschiedlich? Was ist in ganz Deutschland gleich? Sehen Sie sich die Bilder rechts an und überlegen Sie in Gruppen.

Das haben alles Bundesländer gemeinsam	Das hat jedes Bundesland für sich
Bundesregierung	*Landesregierung*

i

Die Bundesrepublik Deutschland ist in Bundesländer unterteilt. Die Bundesländer sind auch wieder unterteilt, jedes Bundesland besteht aus vielen Landkreisen. Jeder Landkreis hat Städte und Dörfer. Man nennt sie Gemeinden oder Kommunen. Alle – der Bund, jedes Land, jede Gemeinde – haben ganz spezielle Aufgaben.

3 Wer hat welche Aufgaben? Ergänzen Sie die Begriffe: Bund, Länder, Gemeinden

Was für die gesamte BRD wichtig ist und einheitlich sein muss, das regelt der *Bund* (1). Dazu gehören beispielsweise Außen- und Verteidigungspolitik, die Währungspolitik, das Verkehrs- und Postwesen, aber auch Gesetze zur Luftverschmutzung.

Für andere Angelegenheiten sind die ___________ (2) zuständig. Sie organisieren zum Beispiel die Schulpolitik, die Kulturpolitik und die Polizei. Bei der Gesetzgebung arbeiten ________ (3) und Länder zusammen. Bei der Ausführung der Gesetze haben die Länder, aber auch die ___________ (4) besonders viel Verantwortung.

Der __________ (5) bestimmt zum Beispiel, dass Kinder und Jugendliche zur Schule gehen müssen. Die ___________ (6) bestimmen aber, was die Schüler in der Schule lernen. Die ___________ (7) bauen die Schulen. Die ___________ (8) regeln außerdem Dinge, die besonders für ihre Einwohner wichtig sind. Sie kümmern sich zum Beispiel um die Strom- und Wasserversorgung, die Abfallbeseitigung, die Jugendarbeit und um Bildungs- und Freizeitangebote.

4 In welcher Gemeinde leben Sie? Wer ist Bürgermeister/in? Was ist in Ihrer Gemeinde geplant? Vielleicht ein bestimmtes Gebäude? Oder eine Straße? Oder eine neue Regelung? Wo kann man darüber Informationen bekommen? Sprechen Sie im Kurs.

Wie funktioniert eine Demokratie?

Demokrat: Anhänger der ...
Demokratie, die = Herrschaft des Volkes < griechisch: demos = Volk, kratein = herrschen
... **kratisch:** Nach...

5 Was sind die wichtigsten Kennzeichen einer Demokratie?

a PA Arbeiten Sie zu zweit. Sehen Sie sich den Auszug aus dem Wörterbuch und die Zeichnungen an. Welche Zeichnungen passen zu „Demokratie"? Begründen Sie.

b Lesen Sie nun die Sätze: Was ist richtig? Was ist falsch? Kreuzen Sie an.

	richtig	falsch
1. Demokratie heißt: Nicht ein König oder ein General herrscht und bestimmt, sondern das Volk (Volkssouveränität).	☐	☐
2. Jede/r Bürger/in darf bei allen politischen Fragen direkt mitentscheiden.	☐	☐
3. Das Volk wählt Volksvertreter und bestimmt so die Politik.	☐	☐
4. Bei einer Wahl entscheidet die Mehrheit.	☐	☐
5. Verschiedene Staatsorgane mit ihren Volksvertretern haben die Staatsgewalt.	☐	☐
6. Die Bürger üben die Staatsgewalt aus.	☐	☐
7. Die Staatsorgane müssen sich nicht an die Gesetze halten.	☐	☐
8. Alle Bürger müssen sich an die Gesetze halten.	☐	☐

6 Die Prinzipien, nach denen der deutsche Staat aufgebaut ist, stehen im Grundgesetz in Artikel 20. Unterstreichen Sie wichtige Wörter. Welcher Begriff passt zu welchem Absatz?

1 Herrschaft des Volkes | 2 Rechtsstaatsprinzip | 3 Widerstandsrecht | 4 Staatsziele

GG **Artikel 20**

(1) Die Bundesrepublik Deutschland ist ein demokratischer und sozialer Bundesstaat. ☐

(2) Alle Staatsgewalt geht vom Volke aus. Sie wird vom Volke in Wahlen und Abstimmungen und durch besondere Organe der Gesetzgebung, der vollziehenden Gewalt und der Rechtsprechung ausgeübt. ☐

(3) Die Gesetzgebung ist an die verfassungsmäßige Ordnung, die vollziehende Gewalt und die Rechtsprechung sind an Gesetz und Recht gebunden. [2]

(4) Gegen jeden, der es unternimmt, diese Ordnung zu beseitigen, haben alle Deutschen das Recht zum Widerstand, wenn andere Abhilfe nicht möglich ist. ☐

7 Die Basis unserer Demokratie ist die freiheitliche demokratische Grundordnung des Grundgesetzes. In Artikel 20, Absatz 4 steht: Man darf sich wehren, wenn eine Person, eine Gruppe oder eine Institution diese Ordnung gefährdet. Lesen Sie die Schlagzeilen aus der Zeitung.

Wer gefährdet wie die freiheitliche demokratische Grundordnung? Wie will sich der Staat wehren? Wo liegt das Problem? Sprechen Sie im Kurs.

Innenministerium will Online-Aktivitäten von allen Bürgern und Institutionen kontrollieren und speichern

Bundestagsabgeordnete wollen Neonazi-Partei verbieten

Was ist ein Rechtsstaat?

8 Was gehört zu einem Rechtsstaat?

a Was ist Ihrer Meinung nach wichtig in einem Rechtsstaat? Was darf in einem Rechtsstaat nicht passieren? Sammeln Sie Ideen und Beispiele im Kurs.

b Unten finden Sie drei zentrale Begriffe für einen Rechtsstaat. Welcher Begriff passt zu welchem Text?

Gewaltenteilung | Rechtsgleichheit | Rechtssicherheit

A ____________________
Vor dem Gesetz sind alle Bürger gleich. Alle Gesetze gelten für alle Gruppen, für Arme und Reiche, für Professoren und Arbeiter, für Frauen und Männer. Die Richter müssen unabhängig sein.

B ____________________
Staat und Bürger müssen die Rechtsordnung und ihre Gesetze beachten. Jeder kann sich auf das Gesetz hundertprozentig verlassen. Es gibt Grundrechte. Sie sichern die Freiheit der Menschen und schützen die Privatperson vor dem Staat.

C ____________________
Die Staatsgewalt ist aufgeteilt. Ein Teil macht die Gesetze. Ein Teil wendet die Gesetze an und regiert. Ein Teil wacht über die Gesetze. Alle drei Staatsgewalten sind unabhängig und kontrollieren sich gegenseitig.

9 Erkennen Sie das Prinzip Gewaltenteilung in der Zeichnung?

a Wer sind die drei Personen? Wozu haben sie die Schlüssel? Was könnte passieren, wenn nur eine Person alle drei Schlüssel hätte?

b Welche drei Wörter gehören jeweils zusammen? Verbinden Sie.

Regierung und Verwaltung — Exekutive — vollziehende Gewalt

Gerichte | Parlament | Rechtsprechung | gesetzgebende Gewalt | Judikative | Legislative

10 Ist das rechtsstaatlich? Kreuzen Sie an und begründen Sie.

	ja	nein
1. Mustafa hat ein Gesetz gebrochen. Ein Gericht verurteilt ihn zu 50 Euro Strafe.	☐	☐
2. Nur Männer dürfen ihre Meinung sagen und frei leben. Für Frauen gilt das nicht.	☐	☐
3. Ein Minister sagt einem Richter: „Sprich das Urteil so, wie meine Partei das will." Der Richter sagt: „Zahle mir 10000 Euro".	☐	☐
4. Senya möchte bei der Arbeit beten, weil ihre Religion das so vorschreibt. Ihr Arbeitgeber verbietet ihr das Beten. Senya klagt vor Gericht.	☐	☐

11 Wo können Sie sich über Rechte und Gesetze informieren? Sammeln Sie Tipps und Ideen im Kurs.

Was bedeutet Sozialstaatlichkeit?

12 Deutschland ist ein Sozialstaat. Demokratische Staaten sind aber nicht immer Sozialstaaten. Gerechtigkeit ist nicht immer sozial.

a Sehen Sie die Zeichnungen an. Ist das gerecht? Ist das sozial? Sprechen Sie im Kurs.

b Kennen Sie Lösungen für solche Probleme? Oder haben Sie Ideen? Wie löst man das in Deutschland? Überlegen Sie gemeinsam. Die Wörter im Kasten helfen Ihnen.

Krankenversicherung | Mutterschutzgesetz | Arbeitslosenversicherung

13 Was muss ein Sozialstaat leisten?

a Lesen Sie zuerst den Text.

i

Sozialstaatlichkeit heißt Fürsorgepflicht: Der Staat muss dafür sorgen, dass jeder Bürger gut leben kann.
Sozialstaatlichkeit heißt auch soziale Gerechtigkeit: Leute mit geringem Einkommen dürfen nicht zu große Nachteile haben.
Sozialstaatlichkeit heißt Solidarität: Alle müssen mithelfen, damit auch Menschen in Notsituationen genug zum Leben haben. Der Staat sorgt dafür mit Gesetzen.

b PA Lesen Sie nun die Situationen und überlegen Sie dann zu zweit: Was ist ein Beispiel für *Fürsorge, soziale Gerechtigkeit* oder *Solidarität*?

1 Wer viel verdient, muss viel Steuern bezahlen, wer wenig oder nichts verdient, muss wenig oder gar keine Steuern bezahlen.

2 Jemand kann eine wichtige Operation im Krankenhaus nicht bezahlen. Trotzdem wird er so gut wie möglich operiert.

3 Jemand hat viel Pech im Leben und macht auch viele Fehler. Am Ende ist er krank, hat keine Arbeit und keine Familie. Der Staat sorgt dafür, dass er in Deutschland leben und wohnen kann.

4 Jemand zahlt hohe Beiträge in die Krankenversicherung ein, geht aber selten zum Arzt. Dadurch ist auch für Leute mit geringem Verdienst und niedrigeren Beiträgen eine gute medizinische Versorgung möglich.

5 Eine Frau bekommt ein Kind. Sie bleibt zwei Jahre zu Hause und arbeitet nicht. Der Arbeitgeber muss für sie einen Arbeitsplatz freihalten.

6 Für ein Universitätsstudium braucht man Geld. Studenten aus sozial schwachen Familien können für ihr Studium Geld vom Staat bekommen.

Modul 1, Sozialversicherung, S. 28/29

1: Demokratie und Gewaltenteilung
2: Rechtsstaatsprinzip

Die vier Strukturprinzipien der Bundesrepublik Deutschland (→ Art. 20 GG)

Bundesstaatlichkeit	Bundesrepublik Deutschland	Demokratie
Rechtsstaatlichkeit		Sozialstaatlichkeit

Bundesstaatlichkeit

Die Staatsgewalt ist aufgeteilt zwischen dem Bund und den 16 Ländern. | Die Bundesländer sind in vielen Bereichen selbstständig. | Sie haben eine eigene Landesverfassung, sie sind z.B. für Schulen, Krankenhäuser und die Polizei verantwortlich. | Dialekte und kulturelle Bräuche sind teilweise verschieden.

Jedes Bundesland hat viele Gemeinden / Kommunen. Diese sind auch in vielen Bereichen selbstständig.

	Bund	Land	Gemeinde
Hauptstadt	Bundeshauptstadt	Landeshauptstadt	
Regierung	Bundesregierung: Bundeskanzler/in und Bundesminister	Landesregierung: Ministerpräsident/in und Landesminister	Bürgermeister/in
Volksvertretung	Bundestag	Landtag	Gemeinderat / Stadtrat

Demokratie

Das Volk bestimmt die Politik. Es wählt regelmäßig Volksvertreter nach dem Mehrheitsprinzip. Die Volksvertreter machen die Politik und üben die Staatsmacht für das Volk aus. Das Staatsoberhaupt ist der Bundespräsident. Er wird nicht vom Volk, sondern von der Bundesversammlung gewählt.

Es gibt eine freiheitliche demokratische Grundordnung. Alle müssen sich an diese Ordnung halten.

Rechtsstaatlichkeit

Ein Rechtsstaat handelt streng nach den Regeln der Verfassung und den Gesetzen.

Prinzipien der deutschen Rechtsstaatlichkeit		
Gewaltenteilung	**Rechtssicherheit**	**Rechtsgleichheit**
Aufteilung der Staatsgewalt zwischen: Legislative (Gesetzgebung) Judikative (Rechtssprechung) Exekutive (vollziehende Gewalt)	Bürger und Staat müssen sich an die Rechtsordnung, also an die Gesetze halten. Grundrechte sichern die Freiheit der Menschen.	Alle Gesetze gelten für alle gleich.

Sozialstaatlichkeit

Ziel: Auch sozial schwache Menschen können ein menschenwürdiges Leben führen. | Der Staat hat eine Fürsorgepflicht für alle Bürger. | Bestimmte Gesetze sorgen für soziale Gerechtigkeit und Solidarität.

Grundrechte und staatsbürgerliche Pflichten

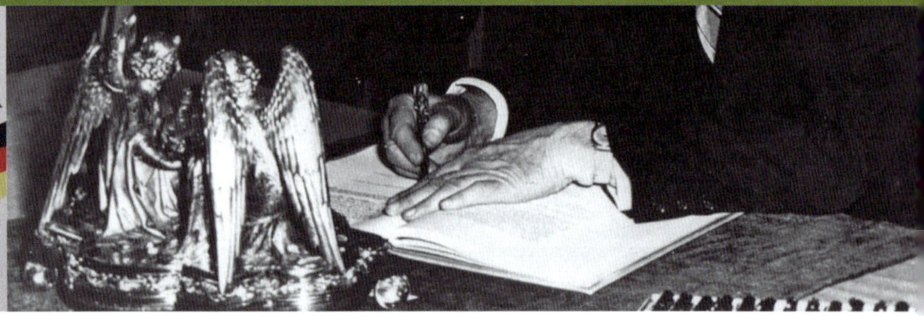

Was ist das Grundgesetz?

In einer Demokratie haben alle Menschen bestimmte Rechte und Pflichten. Die Rechte und Pflichten kann man in den Gesetzen nachlesen. Alle müssen sich an diese Gesetze halten. Die Grundlage für alle Gesetze in Deutschland ist das Grundgesetz. Das Grundgesetz ist die Verfassung Deutschlands.

Modul 2, der staatliche Wiederaufbau, S. 50

1 Was steht im Grundgesetz? Was passt zu welchem Kapitel? Ordnen Sie zu.

Kapitel im Grundgesetz:

- I. Die Grundrechte
- II. Der Bund und die Länder
- III. Der Bundestag
- IV. Der Bundesrat
- V. Der Bundespräsident
- VI. Die Bundesregierung
- VII. Die Gesetzgebung des Bundes
- VIII. Die Ausführung der Bundesgesetze und die Bundesverwaltung
- IX. Die Rechtsprechung
- X. Das Finanzwesen
- Xa. Verteidigungsfall

Das sind die Inhalte:

- A Hier steht alles über die Justiz: Welche Gerichte gibt es? Wie arbeiten die Richter? Hier steht auch, dass es in Deutschland keine Todesstrafe gibt. ☐
- B Hier steht zum Beispiel, wie der Staat Geld bekommt, wie die Länder Geld bekommen oder wie man das Geld zwischen Bund und Ländern verteilt. ☐
- C Wie muss der Staat reagieren, wenn Deutschland angegriffen wird? Das steht zum Beispiel hier. ☐
- D So ist die BRD aufgebaut und strukturiert. Welche Aufgaben hat der Bund? Welche die Länder? ☐
- E Das sind vier Verfassungsorgane. Sie üben die Staatsmacht aus. Hier steht zum Beispiel, welche Aufgaben diese Verfassungsorgane haben. ☐
- F Hier steht alles über die Gesetze in Deutschland: Wie macht man Gesetze? Wie führt man die Gesetze aus? Was leisten die Ämter und Behörden? ☐
- G Hier stehen die Rechte, die jeder Mensch in der Welt und jede/r Bürger/in in Deutschland hat. [I.]

2 Jeder Staat hat eine Verfassung. Aber viele Leute kennen ihre Verfassung gar nicht. Wie ist das bei Ihnen? Was wissen Sie über die Verfassung Ihres Landes?

Was sind die Grundrechte genau?

i

Die Grundrechte stehen im Grundgesetz ganz vorne, in Artikel 1–19. Die Grundrechte sind Menschenrechte und Bürgerrechte. Sie dürfen nicht verändert werden. Parlament, Regierung und Rechtssprechung müssen sich daran halten. Wenn sie dies nicht tun, kann jeder Bürger vor dem Verfassungsgericht klagen.

3 **Menschenrechte und Bürgerrechte? Was ist der Unterschied? Ergänzen Sie die Überschriften zu den Erklärungen.**

1. ________________________: Das sind Rechte, die jeder Mensch hat, egal in welchem Land er lebt. Dazu gehören zum Beispiel das Recht auf Leben, Gleichheit und Freiheit. Niemand kann jemandem diese Rechte geben oder nehmen. Sie sind universal. Internationale Organisationen wie die Vereinten Nationen (UN) oder der Europarat wachen über diese Rechte und versuchen sie durchzusetzen.

2. ________________________: Sie bestimmen, welche Rechte und Pflichten man in Deutschland hat. Sie regeln damit das Verhältnis zwischen Bürger und Staat. Zum Beispiel hat jede/r Deutsche das Recht auf freie und demokratische Wahlen. Man erkennt diese Gesetze oft an der Bezeichnung „alle Deutschen".

4 **Was bedeutet Artikel 1? Lesen Sie den ersten und wichtigsten Artikel des Grundgesetzes. Unten finden Sie Erklärungen. Welche Erklärung passt zu welchem Absatz?**

GG

Artikel 1

(1) Die Würde des Menschen ist unantastbar. Sie zu achten und zu schützen ist Verpflichtung aller staatlichen Gewalt.
(2) Das Deutsche Volk bekennt sich darum zu (…) Menschenrechten als Grundlage jeder menschlichen Gemeinschaft, des Friedens und der Gerechtigkeit in der Welt.
(3) Die nachfolgenden Grundrechte binden Gesetzgebung, vollziehende Gewalt und Rechtsprechung als unmittelbar geltendes Recht.

(__) Alle Deutschen wissen: Nur mit Menschenrechten für alle gibt es Frieden und Gerechtigkeit auf der Welt.

(__) Alle Staatsorgane, die Gesetze, die Richter, die Regierung, … müssen sich an die Grundrechte halten.

(__) Jeder Mensch darf in Würde leben, das heißt: Niemand darf einen Menschen körperlich oder seelisch verletzen. Der Staat muss darüber wachen.

1

2

3

4

5

5 Wie sehen einige andere Grundrechte aus? Welchen Inhalt haben sie? Arbeiten Sie zu zweit.

a PA Sehen Sie sich die Bilder an und sprechen Sie. Welche Rechte können Sie erkennen?

b **Das sind Auszüge aus den Grundrechten. Welcher Satz passt zu welchem Bild? Vergleichen Sie Ihre Ergebnisse im Kurs.**

1. Die Wohnung ist unverletzlich. (Art. 13, 1) Bild 3
2. Alle Deutschen haben das Recht, sich (…) friedlich und ohne Waffen zu versammeln. (Art. 8, 1) Bild ____
3. Jeder hat das Recht, seine Meinung (…) frei zu äußern und zu verbreiten. (…) Eine Zensur findet nicht statt. (Art. 5, 1) Bild ____
4. Alle Menschen sind vor dem Gesetz gleich. Männer und Frauen sind gleichberechtigt. (…) (Art. 3, 1 und 2) Bild ____
5. Alle Deutschen haben das Recht, Beruf, Arbeitsplatz und Ausbildungsstätte frei zu wählen. (…) (Art. 12, 1) Bild ____

6 Welche Grundrechte sollten Sie kennen?

Artikel 1 bis 6 sind ganz besonders wichtige Grundrechtsartikel. Artikel 1 haben Sie in Aufgabe 4 behandelt. Zu den Artikeln 2–6 stehen in der Übersicht des Grundgesetzes folgende Angaben. Zu welchen Erklärungen passen sie?

Artikel 2: [Persönliche Freiheitsrechte]

Artikel 3: [Gleichheit vor dem Gesetz]

Artikel 4: [Glaubens- und Gewissensfreiheit]

Artikel 5: [Freiheit der Meinung, Kunst und Wissenschaft]

Artikel 6: [Ehe - Familie - Kinder]

1. Artikel 4: Man darf seine Religion frei wählen und ausüben.
2. Artikel ____: Ehe, Familie und Mütter stehen unter dem besonderen Schutz des Staates. Das wichtigste Recht und die erste Pflicht der Eltern ist: die Kinder pflegen und erziehen.
3. Artikel ____: Jede/r ist frei. Jede/r darf so sein, wie er will. Jede/r darf tun, was er / sie will. Man darf aber niemanden verletzen, nicht körperlich und nicht psychisch. Man muss sich an die Gesetze halten. *(Toleranz gegenüber verschiedenen Lebensweisen)*
4. Artikel ____: Alle Menschen sind gleich. Niemand darf benachteiligt werden. Frau oder Mann? Welche Religion? Welche Hautfarbe? Welche Sprache? Krank oder gesund? Welche politische Meinung? … Das spielt keine Rolle. *(Toleranz gegenüber allen Gruppen)*
5. Artikel ____: Jede/r darf seine Meinung öffentlich sagen und schreiben. Man darf aber niemanden verletzen und muss Artikel 1 beachten. Jede/r darf sich frei informieren. In der Kunst darf man alles ausdrücken. *(Toleranz gegenüber Meinung und Kunst)*

7 Wie ist das Leben in einem demokratischen Staat mit Grundrechten? Welche Aussagen passen? Kreuzen Sie an.

In einem Land mit garantierten Grundrechten …

1. ☐ gilt das Toleranzprinzip: Alle sind frei und gewähren auch den anderen Freiheit.
2. ☐ muss sich der Staat an die Gesetze halten.
3. ☐ kann die Polizei die Menschen ohne Grund verhaften oder gefangen halten.
4. ☐ können die Menschen nicht an der Politik teilnehmen.
5. ☐ kontrolliert der Staat die Zeitungen und das Radio.
6. ☐ kann man die Regierung öffentlich kritisieren.
7. ☐ sind Mädchen mehr wert als Jungen.
8. ☐ haben Männer und Frauen die gleichen Rechte und Chancen.
9. ☐ kann man sich gegen Ungerechtigkeit wehren.
10. ☐ wählen die Eltern den Ehepartner für die Tochter.
11. ☐ kann man sicher und friedlich leben.
12. ☐ kann jeder selbst seinen Beruf und Arbeitsplatz wählen.
13. ☐ kämpfen die Menschen mit Waffen gegeneinander.

i

Die Grundrechte basieren auf dem Toleranzprinzip und sind die Grundlage für alle Handlungen und Entscheidungen von Staat, Öffentlichkeit und Privatpersonen. Aber Grundrechte können eingeschränkt werden, wenn jemand oder etwas in Gefahr ist. Denn die Freiheit, die jeder durch das Grundgesetz hat, kann auch negativ genutzt werden.

8 Wo sind die Grenzen der Grundrechte?

a Sehen Sie sich das Bild an. Welche Grundrechte nutzen die Leute? Vergleichen Sie mit den Artikeln in Aufgabe 5 und 6.

b In Artikel 18 der Grundrechte heißt es: Wenn man mithilfe der Grundrechte gegen die freiheitliche demokratische Grundordnung kämpft, dann kann man sich auf diese Grundrechte nicht mehr uneingeschränkt berufen. Dann darf der Staat z.B. das Telefon abhören. Was bedeutet das für die Situation in Aufgabe a?

Modul 1, Widerstandsrecht, S. 12

A

B

C

D

E

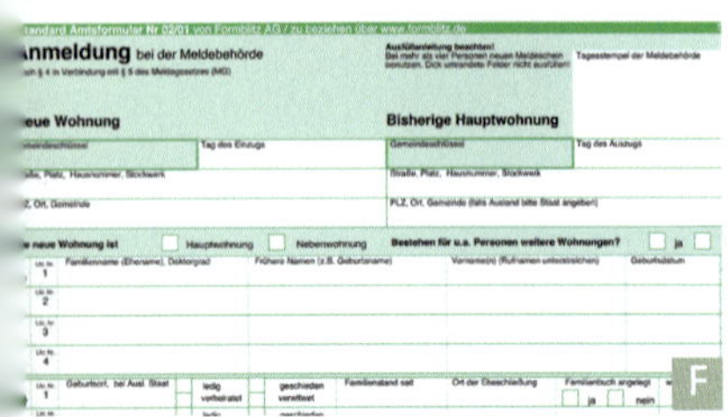

F

G

Wie sehen aber unsere Pflichten aus?

9 Als Bürgerinnen und Bürger in Deutschland haben Sie viele Rechte. Sie haben aber auch Pflichten. Welche? Sammeln Sie im Kurs.

10 Welche sind die wichtigsten Pflichten? Sehen Sie sich die Fotos an und lesen Sie die Texte. Ordnen Sie zu.

1. Wenn man in Deutschland wohnt und arbeitet, muss man Steuern bezahlen. Wenn man für eine Firma arbeitet, werden die Steuern automatisch vom Lohn oder Gehalt abgezogen. Wenn man selbstständig ist, muss man die Steuern selbst an das Finanzamt zahlen. Jedes Jahr muss man eine Steuererklärung für das Finanzamt ausfüllen. Bild____

2. Die Fürsorge und Erziehung ist die wichtigste Pflicht der Eltern. Der Staat passt auf und greift ein, wenn Eltern ihre Kinder nicht gut versorgen oder sie schlecht behandeln. Bild____

3. Jede/r Bürger/in in Deutschland muss sich an seinem Wohnort melden. Das heißt: Man muss beim Einwohnermeldeamt ein Anmeldeformular ausfüllen. Darauf stehen zum Beispiel Name, Wohnadresse, Herkunft, Beruf usw. Bild_____

4. In Deutschland gibt es Schulpflicht. Alle Kinder ab 6 Jahre müssen in die Schule gehen. Die Eltern müssen ihre Kinder in der Schule anmelden. Sie müssen dafür sorgen, dass die Kinder täglich die Schule besuchen. Bild____

5. Jede/r Bürger/in in Deutschland muss sich zur freiheitlichen demokratischen Grundordnung bekennen. Das heißt: Er muss über die Prinzipien der deutschen Demokratie informiert sein und er muss sie akzeptieren. Er muss sich an die deutschen Gesetze halten. Bild____

6. Jede/r Bürger/in braucht einen Ausweis. Wenn der Ausweis verlangt wird, muss man ihn zeigen. Das kann ein Personalausweis oder ein Reisepass sein. Bild____

7. Die Wehrpflicht gibt es nur für junge Männer mit deutscher Staatsbürgerschaft. Die Männer können den Wehrdienst auch verweigern. Dann müssen sie aber Zivildienst machen: Sie helfen in sozialen Institutionen für kranke, alte oder behinderte Menschen, sie arbeiten für die Kirche oder für den Umweltschutz. Bild____

11 Welche Rechte und Pflichten gibt es in Ihrem Heimatland? Vergleichen und erzählen Sie.

tipp

Sie können sich neue Informationen besser merken, wenn Sie diese mit Ihrem Vorwissen und anderen Informationen verbinden. Nutzen Sie dazu die Verweise auf andere Kapitel. → Sie zeigen Ihnen, wie die Begriffe und Themen zusammenhängen.

Die Verfassung Deutschlands

Das Grundgesetz (GG) ist die deutsche Verfassung. Es umfasst:

- die Grundrechte mit Menschenrechten und Bürgerrechten
- die Grundsätze, nach denen der Staat aufgebaut ist
- die Organe, mit denen die Staatsgewalt ausgeführt und der Staat verwaltet wird

Die Grundrechte

Artikel 1–19 des Grundgesetzes

Menschenrechte	Bürgerrechte
Schutz der Menschenwürde	Versammlungsfreiheit
Freiheit der Person	Freiheit der Berufswahl
Gleichheit vor dem Gesetz	Freizügigkeit im Bundesgebiet
Glaubensfreiheit	…
Meinungsfreiheit	
Schutz von Ehe und Familie	
…	

Bürgerpflichten

- Man muss sich zur freiheitlichen demokratischen Grundordnung bekennen.
- Man muss die Gesetze einhalten.
- Man muss Steuern bezahlen.
- Kinder müssen in die Schule gehen.
- Eltern müssen ihre Kinder gut versorgen und erziehen.
- Männer mit deutscher Staatsbürgerschaft müssen Wehrdienst oder Zivildienst leisten.

Verfassungsorgane, Parteien und Staatssymbole

Welche staatlichen Institutionen hat die Bundesrepublik Deutschland?

i

Die Bundesrepublik Deutschland hat verschiedene Staatsorgane. Da ihre Rechte und Pflichten auch im Grundgesetz stehen, nennt man sie Verfassungsorgane. Jedes Verfassungsorgan hat ganz bestimmte Aufgaben. Alle Verfassungsorgane kontrollieren sich gegenseitig. Die Staatsmacht wird also nicht nur von einer Person oder einer Institution getragen. Die Staatsgewalt ist aufgeteilt, so dass keine Person und keine Institution zu viel Macht bekommt.

Modul 1, Gewaltenteilung, S. 13

1 GA Wie heißen die fünf wichtigsten Verfassungsorgane? Sehen Sie sich die Fotos an und arbeiten Sie in Gruppen. Welche Bilder gehören zusammen? Welcher Name passt zu welchen Bildern?

Bundestag	Bild 1/ Bild 7
Bundespräsident	
Bundesverfassungsgericht	
Bundesregierung	
Bundesrat	

1 

2 

3 

4 

5 

6 
Kanzleramt

7 
Reichstagsgebäude

8 
Bundesratsgebäude

9 
Schloss Bellevue

10 
Bundesverfassungsgericht

2 Was machen diese Verfassungsorgane? Welche Aufgaben haben sie?

a Lesen Sie die Texte und ergänzen Sie die Namen der Verfassungsorgane.

1. ______________________

Das ist das höchste Gericht in Deutschland. Es wacht darüber, dass die Gesetze von Bund und Ländern mit dem Grundgesetz übereinstimmen. Jeder kann hier klagen, wenn eine staatliche Institution gegen das Grundgesetz handelt. Man kann auch klagen, wenn man meint, dass ein Gesetz nicht zur Verfassung passt. Die Richter sind unabhängig, sie müssen sich nur an die Gesetze halten. Eine Entscheidung ist für alle Staatsorgane gültig.

2. ______________________

Das ist das Parlament, also die gewählte Volksvertretung in Deutschland. Die Vertreter der einzelnen Parteien, die Abgeordneten, wählen den / die Bundeskanzler/in. Außerdem berät der Bundestag über Gesetze und beschließt sie.

3. ______________________

Sie besteht aus dem Bundeskanzler / der Bundeskanzlerin und den Ministern. Der / Die Bundeskanzler/in ist Regierungschef/in. Er / Sie kommt aus der stärksten Partei im Bundestag. Der / Die Bundeskanzler/in schlägt seine / ihre Minister vor (z.B. für Wirtschaft, Gesundheit, äußere Angelegenheiten) und regiert mit ihnen bis zur nächsten Wahl.

4. ______________________

Das ist die Vertretung der Bundesländer. Bundesländer mit vielen Einwohnern haben hier mehr Vertreter als kleine Bundesländer. Die Vertretung der Bundesländer entscheidet bei vielen neuen Gesetzen für Deutschland mit. Wenn diese Vertretung „nein" zu einem neuen Gesetz sagt, kann dieses Gesetz nicht in Kraft treten. Der Bundestag muss einen neuen Vorschlag machen.

Modul 1, Bundesstaatlichkeit, S. 11

5. ______________________

Das ist das Staatsoberhaupt der Bundesrepublik Deutschland. Er / Sie hat hauptsächlich repräsentative Aufgaben. Zum Beispiel sorgt er / sie für einen guten Kontakt zum Ausland und empfängt Staatsgäste. Er / Sie unterschreibt neue Gesetze und ernennt den/die Bundeskanzler/in und die Bundesminister. Weil das Staatsoberhaupt gewählt ist, spricht man von Republik.

b Welche Aufgaben hat nun jedes Verfassungsorgan? Ergänzen Sie die Tabelle mit Ihren Notizen.

Bundesregierung	Bundestag	Bundesrat	Bundespräsident/in	Bundesverfassungsgericht
				wacht darüber, dass nach dem Grundgesetz gehandelt wird

www.tatsachen-ueber-deutschland.de

Welche Parteien gibt es in Deutschland?

3 Was denken Sie über Parteien allgemein? Was tun sie? Wofür braucht man sie? Haben Sie auch Kritikpunkte? Sprechen Sie im Kurs.

4 Welche sind die wichtigsten Parteien in Deutschland?

a Was wissen Sie über die Parteien in Deutschland? Sammeln Sie im Kurs.

b Lesen Sie die Texte und unterstreichen Sie wichtige Informationen.

Die Christlich-Demokratische Union Deutschlands und die Christlich-Soziale Union gründeten sich nach dem Ende des Zweiten Weltkriegs und sind Schwesterparteien. Sie arbeiten eng zusammen und bilden auf Bundesebene einen festen Zusammenschluss. Die CSU gibt es aber nur in Bayern. Beide Parteien sind christlich-konservative Volksparteien. Christliche Wertvorstellungen sind für sie die Grundlage ihrer Sozialpolitik.

www.cdu.de www.csu.de

Die Sozialdemokratische Partei Deutschlands ist neben der CDU die zweite große Volkspartei. Sie ist die älteste Partei Deutschlands, ihre Wurzeln reichen bis in das Jahr 1863 zurück. Die Partei wurde damals gegründet, um mehr Rechte und bessere Arbeitsbedingungen für die Arbeiter zu erreichen. Bis heute ist soziale Gerechtigkeit für die SPD ein wichtiges Prinzip.

www.spd.de

Die Grünen entstanden 1980 aus verschiedenen Bewegungen in Westdeutschland: aus der Anti-Atomkraftbewegung, aber auch aus der Friedens- und Frauenbewegung. Die Partei schloss sich nach der Wiedervereinigung mit der Bürgerrechtsbewegung Bündnis 90 aus der ehemaligen DDR zusammen. Umweltschutz, Toleranz und das Zusammenleben in einer multikulturellen Gesellschaft sind zentrale Themen.

www.gruene.de

Die Freie Demokratische Partei wurde 1948 gegründet. Sie nennt sich auch „die Liberalen". Die FDP war schon oft Koalitionspartner einer Regierungspartei, weil sie sich einerseits als bürgerliche, unternehmerfreundliche Partei versteht und damit den konservativen Parteien entgegenkommt. Andererseits kämpft sie auch für bürgerliche Freiheiten gegen einen Überwachungsstaat und betont die Rechte von Minderheiten.

www.liberale.de

Die Linke ist momentan die jüngste Partei in Deutschland. Sie entstand 2007 aus der Vereinigung der westdeutschen Wahlalternative für soziale Gerechtigkeit (WASG) mit der Linkspartei.PDS. Die Linkspartei.PDS war die Nachfolgepartei der SED, der Staatspartei der DDR. Die Linke setzt sich für einen demokratischen Sozialismus ein.

www.die-linke.de

c Für die Namen der Parteien werden – z.B. in der Zeitung – auch oft die Farben Rot, Schwarz, Grün, Gelb genannt. Was vermuten Sie: Welche Partei hat welche Farbe? Ordnen Sie zu.

Modul 1, Bundestagswahl, S. 36

5 Welche Parteien sind aktuell im Bundestag vertreten? Welche Parteien sind in Ihrer Stadt oder Ihrer Gemeinde vertreten? Was sind ihre aktuellen Themen? Recherchieren Sie.

Wie sehen die deutschen Staatssymbole aus?

6 **Welche Staatssymbole gibt es? Wie heißen sie?**

a **Welche Wörter passen zu welchem Bild? Ordnen Sie zu.**

Wappen | Nationalhymne | Hauptstadt | Nationalfeiertag | Schwarz-Rot-Gold | Berlin | Tag der Deutschen Einheit | Adler | Einigkeit und Recht und Freiheit | Flagge

____

____

____

____

____

b **Ergänzen Sie die Sätze.**

1. Die deutsche Flagge hat von oben nach unten die Farben __________, __________, __________
2. Berlin ist die ______________________ von Deutschland.
3. Auf dem deutschen Wappen sieht man einen schwarzen ____________. Füße und Schnabel sind _______, der Hintergrund ist ________.
4. Die ____________________ singt oder spielt man zu offiziellen Anlässen, zum Beispiel bei Staatsbesuchen oder bei der Fußballweltmeisterschaft.
5. Der „Tag der Deutschen Einheit" ist ein ________________________. Er ist am 3. Oktober.

7 PA **Wie sehen die Staatssymbole anderer Länder aus? Arbeiten Sie mit einem Partner / einer Partnerin aus Ihrem Heimatland. Zeichnen oder beschreiben Sie zwei Staatssymbole. Machen Sie dann im Kursraum eine kleine Ausstellung.**

Einigkeit und Recht und Freiheit
für das deutsche Vaterland!
Danach lasst uns alle streben
brüderlich mit Herz und Hand!
Einigkeit und Recht und Freiheit
sind des Glückes Unterpfand:
|:Blüh im Glanze dieses Glückes,
blühe, deutsches Vaterland.:|

8 **Was bedeutet der Text der deutschen Nationalhymne?**

a **In der deutschen Nationalhymne wiederholen sich die Wörter** ***Einigkeit*****,** ***Recht*** **und** ***Freiheit*****. Was bedeuten sie? Kreuzen Sie an.**

Einigkeit bedeutet hier
1. ☐ Die Menschen sind sich einig und haben keine Probleme.
2. ☐ Deutschland soll ein einheitlicher Staat sein, soll nicht aus vielen Kleinstaaten bestehen.

Recht bedeutet hier
3. ☐ Es gibt feste Rechte und Gesetze, die für alle gültig sind.
4. ☐ Die Deutschen haben immer recht.

Freiheit bedeutet hier
5. ☐ Jede/r darf tun, was er will.
6. ☐ Jede/r darf seine Meinung frei äußern, seine Religion frei wählen und ausüben, seinen Beruf frei wählen und vieles mehr.

b **Verstehen Sie den Text der Hymne? Lesen Sie ihn noch einmal und sprechen Sie im Kurs.**

c **Wie ist der Text Ihrer Nationalhymne? Erzählen Sie.**

! Die deutsche Nationalhymne ist die dritte Strophe des Deutschlandliedes, das der Dichter August Heinrich Hoffmann von Fallersleben 1841 verfasst hat. Die Melodie wurde schon 1797 von Josef Haydn komponiert.

9 **Wann und wo benutzt man die Staatssymbole in Deutschland?**

a **Was sagen die vier Personen dazu? Haben sie die gleiche Meinung?**

Bei uns war die Fußball-Weltmeisterschaft. Super war das. Ich habe jetzt eine Deutschlandfahne. Die hängt in meinem Zimmer an der Wand. Und einen Rucksack in den Nationalfarben habe ich auch.

Ich würde nie eine Flagge benutzen. Ich will auch auf keinen Fall irgendetwas in den Deutschland-Farben haben. Ich finde, seit Hitler sind diese patriotischen Symbole tabu.

Bei uns in Deutschland zeigt man die Flagge nur zu großen offiziellen Anlässen. Und die Nationalhymne singt doch niemand privat.

Das sind doch tolle Farben!! Und ich bin Deutschland-Fan. Egal ob bei Fußball, Handball, Autorennen oder Tennis.

b **Wie ist das in Ihrem Land? Wann und wo benutzt man die Staatssymbole? Haben die Leute dazu auch so unterschiedliche Meinungen?**

tipp

Sie müssen viele Begriffe und Ausdrücke lernen? Schreiben Sie jeden Ausdruck auf ein Kärtchen. Auf die Rückseite kommt die Erklärung und / oder ein Beispiel. Die Kärtchen können Sie auch unterwegs bei sich haben. Mischen Sie Ihre Lernkarten immer wieder neu. Lernen und wiederholen Sie damit.

Die wichtigsten Verfassungsorgane

Name	Ort	Person(en)	Aufgaben
Bundesregierung	Bundeskanzleramt und Ministerien, Berlin	Bundeskanzler/in, Bundesminister	das Land regieren und leiten, wichtige Entscheidungen treffen
Bundestag	Reichstag, Berlin	Abgeordnete, Volksvertreter aus den Parteien	Gesetze ändern, machen und beschließen, die Interessen des Volks vertreten
Bundespräsident	Schloss Bellevue, Berlin	Bundespräsident/in	den Staat repräsentieren, den Bundeskanzler und die Minister nach der Wahl offiziell ernennen
Bundesrat	Berlin	Vertreter der Bundesländer	die Interessen der Bundesländer vertreten
Bundesverfassungsgericht	Karlsruhe	Verfassungsrichter	über die Rechte und Gesetze wachen

Alle Verfassungsorgane sind an die Gesetze gebunden. Sie kontrollieren sich gegenseitig. Die Staatsmacht ist unter ihnen aufgeteilt.

Die wichtigsten Parteien

● CDU / CSU | ● SPD

● Bündnis 90 / Die Grünen | ● FDP | ● Die Linke

Die deutschen Staatssymbole

- Bundesflagge: Trikolore in den Farben Schwarz, Rot, Gold
- Bundeswappen mit Bundesadler
- Nationalhymne: „Einigkeit und Recht und Freiheit für das deutsche Vaterland“
- Nationalfeiertag: Tag der Deutschen Einheit am 3. Oktober
- Bundeshauptstadt: Berlin

Sozialstaat

Modul 1, Sozialstaatlichkeit, S. 14

Der Staat hat die Fürsorgepflicht für seine Bürgerinnen und Bürger und sorgt für soziale Gerechtigkeit. Wie macht der Staat das? – Mit einem System von Sozialversicherungen und nach dem Solidarprinzip.

Wie funktioniert das Sozialversicherungssystem?

1 **Wie heißen die staatlichen Sozialversicherungen?**

a **Sehen Sie die Fotos oben an und ergänzen Sie die Texte.**

~~Behinderung~~ | Unfall | alt | Rente | Pflege | krank | Arzt | Medikamente | Arbeitsstelle | Agentur für Arbeit

1. Herr Rossi hatte einen schlimmen ____________ am Arbeitsplatz und kann jetzt nicht mehr arbeiten. Er braucht Geld für die Arztkosten und zum Leben. Die Versicherung übernimmt die Kosten.
2. Tanja hat ihre ________________ verloren. Sie geht zur ______________________. Dort bekommt sie finanzielle Hilfe und wird bei der Suche nach einer neuen Arbeit unterstützt.
3. Frau Marks ist _________. Sie kann 2 Wochen nicht arbeiten. Der ________ und die ________________ sind teuer. Zum Glück ist Frau Marks versichert
4. Herr Hartung hat eine Behinderung. Er kann sich nicht selbst versorgen und braucht _____________. Das kostet viel Geld. Auch hier hilft die Sozialversicherung
5. Diese Männer sind _____. Sie sind in ____________ und bekommen jeden Monat Geld. Sie haben als Berufsstätige in die Versicherung eingezahlt

b **Wie heißen die fünf Teile der Sozialversicherung? Welche Versicherung zahlt in welchem Fall? Ordnen Sie die Texte und Buchstaben auf den Fotos den Versicherungen zu.**

1.	Krankenversicherung	Text _____	Buchstaben _______
2.	Rentenversicherung	Text _____	Buchstaben _______
3.	Unfallversicherung	Text _____	Buchstaben _______
4.	Arbeitslosenversicherung	Text _____	Buchstaben _______
5.	Pflegeversicherung	Text _____	Buchstaben _______

@ www.deutsche-sozialversicherung.de

c **Wie finanziert der Staat die Sozialversicherungen? Die Buchstaben neben den Fotos ergeben das Lösungswort: durch ______________________________**

2 Was sind Sozialabgaben? Wer bezahlt sie? Welche Prinzipien sind die Grundlage?

a **Lesen Sie den Text. Welche Aussagen sind richtig? Welche sind falsch?**

i

Alle Arbeitnehmer müssen in der Deutschen Sozialversicherung versichert sein. Ehepartner und Kinder, die kein Geld verdienen, sind normalerweise automatisch mitversichert. Arbeitnehmer und Arbeitgeber bezahlen gemeinsam die Beiträge für die Sozialversicherung, jeder bezahlt 50%.
Die Höhe der Beiträge orientiert sich an der Höhe des Gehalts. Das heißt:
Ein Arbeitnehmer, der wenig Geld verdient, bezahlt geringere Beiträge. Ein Arbeitnehmer, der viel Geld verdient, hat hohe Sozialabgaben. Alle Versicherten tragen die Risiken (zum Beispiel Krankheit oder Arbeitslosigkeit) gemeinsam. Jeder Versicherte bekommt aber die gleichen Leistungen.

		richtig	falsch
1.	Jede/r mit einem festen Arbeitsplatz muss versichert sein.	☐	☐
2.	Der Arbeitgeber bezahlt die Beiträge für den Arbeitnehmer.	☐	☐
3.	Der Arbeitnehmer bezahlt die eine Hälfte der Sozialversicherung, der Arbeitgeber die andere.	☐	☐
4.	Die Beiträge sind niedriger, wenn man wenig Geld verdient.	☐	☐
5.	Man muss auch für jedes Kind Sozialversicherung bezahlen.	☐	☐
6.	Wenn man immer gesund ist und nie zum Arzt geht, muss man nicht so viel in die Sozialversicherung einzahlen.	☐	☐
7.	Eine Person ist krank und braucht eine teure Operation. Sie hat aber nur wenig Geld in die Sozialversicherung eingezahlt. Trotzdem bezahlt die Sozialversicherung die Operation.	☐	☐

b **Unten stehen die drei Prinzipien der Sozialversicherung. Ordnen Sie die richtigen Sätze aus 2a dem passenden Prinzip zu. Ein Satz passt zu zwei Prinzipien.**

Solidarität	Beitragsfinanzierung	Versicherungspflicht
4		

3 GA Gibt es auch in Ihrem Land ein soziales Absicherungssystem? Beantworten Sie die Fragen und stellen Sie Ihre Ergebnisse im Kurs vor.

Gibt es in Ihrer Heimat ein Sozialversicherungssystem? Wenn ja, wie funktioniert es? Was ist anders als in Deutschland? Wenn nein, wie helfen sich die Leute, wenn sie nicht arbeiten können? Nennen Sie Beispiele.

Was müssen Versicherte und Empfänger von Sozialleistungen beachten?

4 Lesen Sie die Regeln. Welches Bild passt? Ordnen Sie zu.

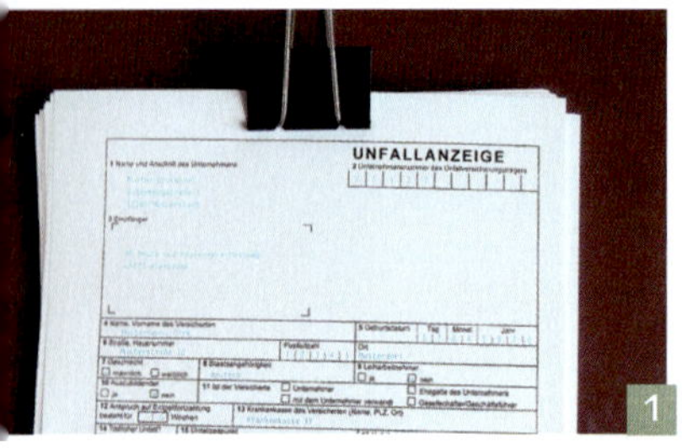

1

3

2

4

A ☐ Sie gehen zum Arzt. Sie müssen Ihre Versicherungskarte, eine Chipkarte, zeigen, wenn die Krankenkasse bezahlen soll.

B ☐ Sie sind arbeitslos und bekommen monatlich Geld. Sie müssen regelmäßig zur Agentur für Arbeit gehen. Dort müssen Sie zeigen, dass Sie eine neue Arbeit suchen.

C ☐ Sie kommen ins Rentenalter und möchten Ihre Rente beantragen. Sie müssen belegen, dass Sie und ihr Arbeitgeber in die Rentenkasse eingezahlt haben.

D ☐ Sie hatten einen Unfall und wollen Geld aus der Unfallversicherung. Sie müssen nachweisen, dass der Unfall während der Arbeit oder auf dem Weg zur Arbeit passiert ist.

! Ämter und Versicherungen schicken immer wieder Fragebögen und Formulare. Sie wollen Informationen über die aktuelle Situation des Empfängers von Sozialleistungen oder des Versicherten. Jeder Versicherte und Sozialleistungsempfänger muss diese Fragen beantworten. Außerdem muss jeder selbstständig seine Versicherungen und Ämter informieren, wenn sich etwas ändert, wie zum Beispiel die Adresse oder der Familienstand.

5 Beim Arzt und in der Apotheke muss man immer wieder bezahlen, obwohl man eine Versicherungskarte vorzeigen kann. Was muss man selbst bezahlen? Warum? Lesen Sie und sprechen Sie im Kurs.

Arzthelferin: Sie müssen pro Quartal, also einmal in drei Monaten, zehn Euro Praxisgebühr bezahlen, wenn Sie zum Arzt gehen. Machen Sie das immer bei Ihrem Hausarzt. Wenn Sie zu einem anderen Arzt gehen müssen, schreibt Ihnen der Hausarzt eine Überweisung. Die zehn Euro müssen Sie also nur einmal bezahlen.

Zahnärztin: Sie sollten 1- bis 2-mal pro Jahr zur professionellen Zahnreinigung gehen. Diese Behandlungen müssen Sie aber selbst bezahlen.

Apotheker: Für dieses Medikament müssen Sie fünf Euro Rezeptgebühr bezahlen. Den Rest übernimmt hier die Krankenkasse. Die Schmerztabletten bezahl tdie Krankenkasse nicht. Sie müssen die Kosten selbst tragen.

Armut in Deutschland?

6 Wer ist in Deutschland arm? Wie wird Armut definiert? Lesen Sie den Text.

> Als arm gelten in Deutschland Menschen, die maximal 60% des durchschnittlichen Nettoeinkommens haben. Sie haben dadurch nicht die Möglichkeit an der Lebensweise teilzunehmen, die in Deutschland üblich ist. Das nennt man „relative Armut".

7 Jeder kann ohne eigene Schuld arm werden? Wie kann das passieren?

a Lesen Sie die Texte und sprechen Sie im Kurs.

1 Ich habe gerade mein zweites Kind bekommen und kann nicht arbeiten. Mein Mann arbeitet als Busfahrer. Das Geld, das er verdient, reicht nicht für eine ganze Familie. Am Monatsende weiß ich oft nicht, wie ich unser Essen bezahlen soll.

2 Ich komme aus Afghanistan. Ich musste mein Land verlassen. Aber ich spreche noch nicht gut Deutsch. Deshalb finde ich nur manchmal kleine Jobs, die schlecht bezahlt sind. Von so wenig Geld kann ich keine Wohnung bezahlen.

3 Ich war einmal Maurer und habe auf dem Bau gearbeitet. Dann hatte ich im Urlaub einen schlimmen Motorradunfall. In meinem Beruf kann ich nicht mehr arbeiten. Und etwas anderes habe ich nicht gelernt.

b Kennen Sie noch andere Armutsrisiken? Überlegen Sie gemeinsam.

8 GA Was machen der Bund, die Länder und Kommunen, um Armut zu bekämpfen? Was halten Sie für sinnvoll? Bilden Sie Gruppen und sprechen Sie über die Maßnahmen. Präsentieren Sie Ihre Ergebnisse im Kurs.

Maßnahmen gegen Armut und Ausgrenzung

- Abbau der Arbeitslosigkeit (z.B. Unternehmen und Selbstständigkeit unterstützen)
- Nahrungsmittel verteilen (z.B. kostenloses Schulessen)
- finanzielle Hilfen (z.B. Wohngeld)
- mehr Betreuungsplätze für Kleinkinder
- Zugang zu Informationen ermöglichen (z.B. in Bibliotheken)
- bessere Bildungschancen für Kinder und Jugendliche
- Sprachkurse und Qualifizierungsprojekte für Zuwanderer
- mehr Beratungsstellen für Leute mit Schulden
- Weiterbildung von Erwachsenen
- Wohn- und Pflegesituation von alten Menschen verbessern

Wie kann man sich für das Leben im Alter finanziell absichern?

9 In Deutschland gibt es die gesetzliche Rentenversicherung. Private Vorsorge ist heutzutage aber auch sehr wichtig. Warum? Lesen Sie den Text und kreuzen Sie an.

i

Die Deutschen bekommen weniger Kinder. Es gibt also immer weniger Leute, die arbeiten und in die Sozialversicherung einzahlen. Außerdem gibt es immer weniger feste, sozialversicherungspflichtige Arbeitsplätze. Das Geld der Sozialversicherung wird dadurch weniger. Die Menschen in Deutschland werden aber immer älter. Die Kosten für die Altersversorgung, für Pflege und für Krankheit werden deswegen höher.

		↘ sinkt / sinken	↗ steigt / steigen
1.	Die Zahl der Geburten …	☐	☐
2.	Die Zahl der Beitragszahler …	☐	☐
3.	Die Zahl der festen Arbeitsplätze …	☐	☐
4.	Die Lebenserwartung …	☐	☐
5.	Die Kosten für Gesundheit …	☐	☐
6.	Die Kosten für die Altersversorgung und Pflege …	☐	☐

Modul 3, Älterwerden, S. 64

10 Wie kann private Vorsorge aussehen? Ergänzen Sie die Begriffe.

Zusatzkrankenversicherung | Riester-Rente | Immobilienbesitz | betriebliche Altersvorsorge

1. Ihr Arzt konnte Ihnen nicht wirklich helfen. Sie gehen deshalb zu einem Homöopathen. Ihre Krankenkasse bezahlt das nicht. Oder Sie brauchen eine spezielle Behandlung beim Zahnarzt. Nur eine ______________________ übernimmt hier die Kosten.

2. Viele Leute kaufen, wenn möglich, eine eigene Wohnung oder ein Haus. Später, wenn sie Rentner sind, müssen sie dann keine Miete bezahlen. Sie können das Haus auch verkaufen, wenn sie Geld brauchen. Diese Leute sorgen mit ______________________ vor.

3. Manche große Firmen bieten eine ______________________ an. Arbeitnehmer zahlen monatlich einen kleinen Betrag. Im Rentenalter erhalten sie von der Firma eine kleine Rente, zusätzlich zur staatlichen Rente.

4. Die ______________________ ist eine zusätzliche Rente für Arbeitnehmer, die vom Staat unterstützt wird. Man schließt diese Rente z. B. bei einer Versicherung ab und der Staat gibt etwas Geld dazu. Im Alter ist die monatliche Rente dann höher.

Sozialversicherung

Die Sozialversicherung hilft Bürgerinnen und Bürgern, wenn sie zum Beispiel krank sind oder arbeitslos werden. Mit der Sozialversicherung sorgt der Staat dafür, dass alle ein menschenwürdiges Leben führen können und niemand Not leiden muss.

Sozialversicherung				
Krankenversicherung	Rentenversicherung	Unfallversicherung	Arbeitslosenversicherung	Pflegeversicherung
übernimmt Arztkosten, Operationskosten und die Kosten für die meisten Medikamente	zahlt im Alter eine monatliche Rente aus	bezahlt Kosten nach einem Arbeitsunfall	leistet finanzielle Hilfe, wenn man eine feste Arbeit verloren hat	bezahlt Kosten für die notwendige Pflege

Finanzierung der Sozialversicherung

Versicherungspflicht	Beitragsfinanzierung	Solidarität
Jeder Arbeitnehmer muss in die Sozialversicherung einzahlen.	Jeder Arbeitnehmer muss einen bestimmten Beitrag bezahlen. Jeder Arbeitgeber muss für jeden Arbeitnehmer 50 % des Beitrags bezahlen.	Die Höhe der Beiträge richtet sich nach der Höhe des Verdienstes. Jeder bekommt die Leistung, die er braucht, unabhängig von der Höhe der bezahlten Beiträge.

Private Vorsorge für die Zukunft

Die staatliche Finanzierung von sozialen Leistungen wird in der Zukunft schwieriger. Man sollte sich deshalb auch um eine private Vorsorge kümmern, wenn man die finanziellen und beruflichen Voraussetzungen hat.

Lebensversicherung: Die Versicherung bezahlt einen großen Betrag im Alter.

Immobilienbesitz: Man ist Haus- oder Wohnungsbesitzer und bezahlt keine Miete.

Riester-Rente: Man bekommt eine Zusatzrente vom Staat.

Zusatzkrankenversicherung: Man muss bei besonderen medizinischen Wünschen oder Behandlungen nicht selbst bezahlen.

Betriebliche Altersvorsorge: Man bekommt eine Zusatzrente von der Firma, für die man gearbeitet hat.

Politische Beteiligung und Teilhabe

____________ ____________ ____________ ____________

Eine Demokratie braucht die Beteiligung der Bürgerinnen und Bürger. Möglichst viele Menschen sollen am politischen und gesellschaftlichen Leben teilnehmen. Es gibt verschiedene Möglichkeiten.

Wählen. Was? Wie? Wo? Wer? …

1 Haben Sie schon einmal gewählt? Was? In Ihrer Heimat oder in Deutschland? Wie funktioniert das? Erzählen Sie.

2 Wie sind die Prinzipien für Wahlen in Deutschland?

a Lesen Sie Artikel 38, Absatz 1 des Grundgesetzes. Wie wird der Bundestag gewählt? Markieren Sie fünf wichtige Adjektive, die Wahlrechtsgrundsätze.

GG **Artikel 38**

(1) Die Abgeordneten des Deutschen Bundestages werden in allgemeiner, unmittelbarer, freier, gleicher und geheimer Wahl gewählt. Sie sind Vertreter des ganzen Volkes, an Aufträge und Weisungen nicht gebunden und nur ihrem Gewissen unterworfen.

Modul 1, Bundestagswahl, S. 36

b Sehen Sie sich die Zeichnungen oben an. Schreiben Sie unter jedes Bild das passende Adjektiv aus Artikel 38. Sprechen Sie über die Bedeutung der Wahlrechtsgrundsätze.

c Welches Adjektiv ist übrig geblieben? Was bedeutet es? Kreuzen Sie die richtige Erklärung an.

Die Wahl ist __________________.

Das heißt:
- ☐ Die Bürger wählen die Volksvertreter schnell.
- ☐ Die Bürger wählen die Volksvertreter direkt.
- ☐ Die Bürger wählen zuerst eine Person, die dann für sie die Volksvertreter wählt.

3 Wie wählt man? Lesen Sie die Sätze. Was ist richtig? Kreuzen Sie an.

1. Vor der Wahl bekommen alle Wahlberechtigten

☐ eine Einladung vom Bundespräsidenten ☐ ein Geschenk von einer Partei

☐ eine Wahlbenachrichtigung. Dort steht, wo und wann sie wählen können.

2. Am Wahltag gehen die Wahlberechtigten

☐ nach Berlin ☐ ins Wahllokal in ihrer Gemeinde ☐ in den Landtag

3. Dort zeigen sie

☐ ihren Führerschein ☐ ihre Steuererklärung ☐ ihren Personalausweis

4. Sie erhalten dann

☐ ein Glas Sekt ☐ einen Stimmzettel

4 Was für Wahlen gibt es?

Sehen Sie sich das Schaubild an und ergänzen Sie den Text. Die Wörter im Kasten helfen Ihnen.

~~Bund~~ | Bundestagswahl | Land | Kommune | Kommunalwahlen | (Ober-)Bürgermeister | Landtagswahl

In einem föderativen Staat wie Deutschland gibt es viele verschiedene Wahlen, denn es gibt Volksvertretungen auf 3 Ebenen: dem Bund (1), dem ______________ (2) und der ______________

Ein Beispiel: Frau Konrad aus Wuppertal wählt bei der ______________ (3) Volksvertreter für die Bundesrepublik Deutschland in den Bundestag. Bei der ______________ (4) wählt sie die Volksvertreter für das Bundesland Nordrhein-Westfalen in den nordrhein-westfälischen Landtag. Bei den ______________ (5) wählt sie den Wuppertaler ______________ (6) und die Volksvertreter für den Stadtrat von Wuppertal.

> **!** Für die Volksvertreter der Kommunen gibt es verschiedene Namen. Man spricht vom *Gemeinderat*, wenn es keine Stadt ist. In manchen Städten hat der Stadtrat eine andere Bezeichnung. In Kassel sagt man z. B. *Stadtverordnetenversammlung*.

→ Modul 1, Kommunen, S. 11

5 Das Wahlsystem: Wann und wie wählen die Deutschen den Bundestag?

a Lesen Sie und sehen Sie sich die Abbildungen an. Ergänzen Sie dann die Sätze.

i

Der Bundestag wird alle vier Jahre gewählt. Die Wähler entscheiden sich mit der Erststimme für eine Person aus dem Wahlkreis, die sie vertreten soll. Mit der Zweitstimme wählen sie eine Partei. Die Zweitstimme entscheidet darüber, wie viele Sitze eine Partei im Bundestag bekommt. Eine Partei kommt aber nur in den Bundestag, wenn sie mindestens 5 % der Stimmen hat.
Der Bundestag wählt den Bundeskanzler/die Bundeskanzlerin. Das entspricht dem Mehrheitsprinzip.
Wenn die stärkste Partei weniger als 50 % der Stimmen hat, muss sie sich mit einer anderen Partei zusammentun, damit sie eine Mehrheit im Bundestag bekommt. Man nennt diesen Zusammenschluss Koalition.

Amtliches Ergebnis der Bundestagswahlen 2009

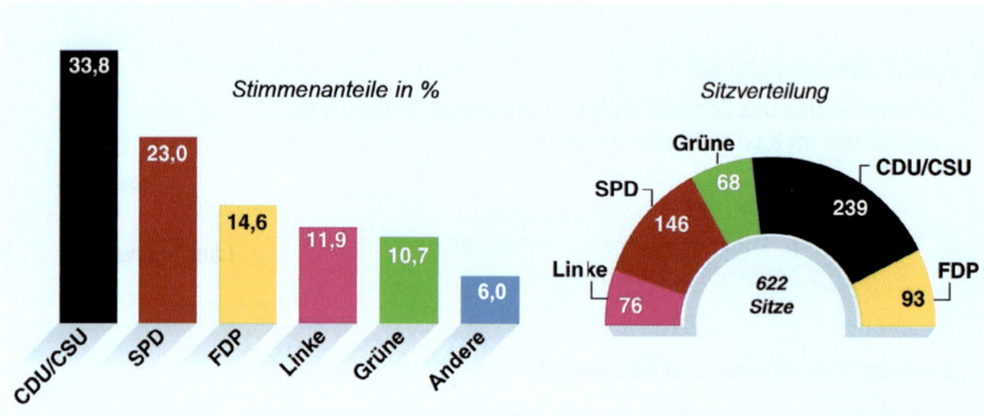

1. Der Bundestag wird alle ________ Jahre gewählt.
2. Die Wahlberechtigten wählen die ______________________ direkt in den Bundestag.
3. Die ____________ hat 2009 die meisten Wählerstimmen und ist deshalb stärkste Partei im Bundestag.
4. Die CDU/CSU hat aber keine absolute Mehrheit. Sie braucht einen Partner für eine ______________________. Nach der Wahl 2009 ist dies die FDP.
5. Die Parteien im Bundestag, die nicht regieren, sind ____________, ____________ und ______________________. Sie bilden die Opposition.
6. Die anderen Parteien sind nicht im Bundestag, weil sie jeweils weniger als ____________ der Wählerstimmen haben.

b Wie heißen die aktuellen Politiker/innen in der Bundesregierung, in Ihrem Bundesland oder in Ihrer Kommune?

6 **Wer darf wählen? Lesen Sie den Text und entscheiden Sie: Dürfen diese Personen wählen? Bei welchen Wahlen? Warum? Warum nicht? Kreuzen Sie an und sprechen Sie im Kurs.**

In Deutschland dürfen alle Bürger mit deutschem Pass ab 18 Jahren wählen. Sie sind wahlberechtigt, wenn sie die deutsche Staatsangehörigkeit seit mindestens einem Jahr haben.
EU-Bürger dürfen auf kommunaler Ebene wählen, wenn sie seit mehr als drei Monaten ihren Wohnsitz in der Gemeinde haben. In fünf Ländern[1] kann man schon ab 16 Jahren an den Kommunalwahlen teilnehmen.
In Deutschland gibt es keine Wahlpflicht. Die Wahl ist freiwillig.

1 Niedersachsen, Mecklenburg-Vorpommern, Nordrhein-Westfalen, Sachsen-Anhalt, Schleswig-Holstein

1 Hayriye Yildiz lebt schon seit über 20 Jahren in Bochum. Ihre Kinder sind in Deutschland geboren. Sie hat die deutsche Staatsangehörigkeit.

- ☐ Sie darf auf kommunaler Ebene wählen.
- ☐ Sie darf gar nicht wählen.
- ☐ Sie darf an allen Wahlen teilnehmen.

2 Lisa Weber ist 16 Jahre alt und Schülerin. Sie besucht ein Gymnasium in Freiburg und interessiert sich für Politik.

- ☐ Sie darf auf kommunaler Ebene wählen.
- ☐ Sie darf gar nicht wählen.
- ☐ Sie darf an allen Wahlen teilnehmen.

3 Leon Steinmann ist in Magdeburg geboren und aufgewachsen. Er ist Deutscher und 17 Jahre alt.

- ☐ Er darf auf kommunaler Ebene wählen.
- ☐ Er darf gar nicht wählen.
- ☐ Er darf an allen Wahlen teilnehmen.

4 Luigi Romano ist Italiener und 19 Jahre alt. Er lebt seit zwei Jahren in Kassel und arbeitet dort als Kellner.

- ☐ Er darf auf kommunaler Ebene wählen.
- ☐ Er darf gar nicht wählen.
- ☐ Er darf an allen Wahlen teilnehmen.

5 Ines Fernandez ist Spanierin. Sie studiert seit drei Jahren in Deutschland. Vor zwei Monaten ist sie von Bremen nach Nürnberg gezogen.

- ☐ Sie darf auf kommunaler Ebene wählen.
- ☐ Sie darf gar nicht wählen.
- ☐ Sie darf an allen Wahlen teilnehmen.

6 Ivan Juršić ist 40 Jahre alt. Er arbeitet als Maschinenschlosser in Augsburg. Seit 14 Monaten hat er die deutsche Staatsangehörigkeit.

- ☐ Er darf auf kommunaler Ebene wählen.
- ☐ Er darf gar nicht wählen.
- ☐ Er darf an allen Wahlen teilnehmen.

Auf welche Weise kann man am öffentlichen Leben teilnehmen?

Wählen ist eine Möglichkeit. Man kann aber auch auf andere Weise am öffentlichen Leben teilnehmen: Knapp ein Drittel der Bevölkerung engagiert sich in Deutschland freiwillig und ohne Bezahlung, z.B. in Schulen, Vereinen und Hilfsorganisationen.

1

____

7 Machen Sie irgendwo mit? Engagieren Sie sich? Oder haben Sie sich früher engagiert? Erzählen Sie.

2

____

8 Wo und wie können Sie in Deutschland mitwirken?

a Sehen Sie die Bilder an und lesen Sie die Aussagen. Ordnen Sie zu.

A [____] In unserem kleinen Dorf gab es sehr viel Verkehr. Wir haben protestiert und viele Unterschriften gesammelt. Mit diesen Unterschriften sind wir zum Gemeinderat gegangen. Heute hat unser Dorf eine Umgehungsstraße und es ist schön ruhig hier. Und: Wir haben viel gelernt und kennen uns jetzt besser.

B [____] Ich helfe oft bei Schulfesten und Ausflügen. Die Schule braucht die Hilfe der Eltern. Mir macht das Spaß. Außerdem bin ich meistens besser informiert, weil ich viel Kontakt mit der Schule und den Eltern habe. Dieses Jahr bin ich sogar Elternsprecherin und bespreche mit der Lehrerin die Wünsche von uns Eltern und Probleme in der Klasse.

3

____

C [____] Ich bin Irakerin und lebe seit ein paar Jahren hier. Letztes Jahr wurde ich in den Ausländerbeirat gewählt. Wir setzen uns für das gleichberechtigte Zusammenleben von Ausländern und Deutschen in allen Bereichen ein. Wir beraten auch die städtischen Gremien und haben gute Kontakte zu Parteien und anderen Organisationen. Anderen Ausländern können wir bei Problemen und Fragen meistens helfen.

D [____] Wir sind eine große Familie und jeder hat ein anderes Hobby. Ich spiele z.B. Fußball. Deshalb bin ich Mitglied im Sportverein und trainiere dort einmal in der Woche. Mein Vater ist im Skatclub und meine Schwestern singen im Chor. Das ist auch ein Verein. In einem Verein kann jeder Mitglied werden. In der Regel ist das auch nicht teuer. Auf kommunaler Ebene können große Vereine oft etwas bewirken.

4

____

E [____] Hier in unserer Gemeinde gibt es viele Aufgaben, für die Leute gesucht werden. Es gibt dafür keine Bezahlung, aber die Arbeiten sind interessant und machen Spaß. Seit zwei Jahren bin ich bei der freiwilligen Feuerwehr. Ich habe dort ein spezielles Training bekommen. Meine Frau ist auch aktiv. Sie hilft momentan in unserer kleinen Bücherei mit. Früher hat sie einmal pro Woche das Kinderturnen geleitet.

b Wie nennt man diese Arten des Mitwirkens? Lesen Sie die Wörter im Kasten. Schreiben Sie unter jedes Foto den passenden Begriff.

Engagement in der Schule | Bürgerinitiative | Ehrenamt | Verein | Ausländerbeirat

5

____

9 Welche Aktivitäten finden Sie interessant? Wo würden Sie gerne mitmachen? Wie können Sie das realisieren? Sammeln Sie Ihre Wünsche und Vorstellungen im Kurs.

Welche Rolle haben die Medien in Deutschland?

10 Sie wollen sich informieren? Welche Medien benutzen Sie dann? Warum? Tauschen Sie sich im Kurs aus.

11 Meinungs- und Pressefreiheit: Was steht dazu im Grundgesetz?

Lesen Sie den Artikel. Welcher Satz passt wozu? Schreiben Sie die Zahlen in die Kästchen neben Artikel 5.

Artikel 5

GG

(1) Jeder hat das Recht, seine Meinung in Wort, Schrift und Bild frei zu äußern und zu verbreiten und sich aus allgemein zugänglichen Quellen ungehindert zu unterrichten. Die Pressefreiheit und Freiheit der Berichterstattung durch Rundfunk und Film werden gewährleistet. Eine Zensur findet nicht statt.

(2) Diese Rechte finden ihre Schranken (…) in den gesetzlichen Bestimmungen zum Schutze der Jugend und in dem Recht der persönlichen Ehre.

1. Jeder darf seine Meinung sagen, schreiben oder in einem Bild zeigen.
2. Man darf niemanden öffentlich beleidigen und die Jugend nicht gefährden.
3. Jeder darf sich aus allen öffentlichen Quellen informieren.
4. Die Presse ist frei und wird nicht zensiert

12 Eine Tatsache, viele Meinungen

a Lesen Sie den Text zum Thema Flughafenausbau.

Der Flughafen einer großen Stadt ist zu klein. Es gibt nur zwei Start- und Landebahnen, aber enorm viele Flüge und Fluggäste. Fast alle Flüge haben Verspätung, weil die Start- und Landebahnen nie frei sind. Es wird immer enger über und auf dem Flughafen. Eine dritte Startbahn würde die Situation verbessern. Der Flughafen liegt jedoch in sehr schöner und unberührter Landschaft. Außerdem gibt es Dörfer und kleine Städte in der Nähe.

b GA Bilden Sie Gruppen und machen Sie ein Rollenspiel. Entscheiden Sie sich: Sind Sie eine Gruppe von Naturschützern, sind Sie die Leiter des Flughafens oder sind Sie Bewohner in der Nähe des Flughafens? Stellen Sie nun die Situation aus Ihrer Sicht dar. Diskutieren Sie.

c Dieses Thema erschien auch in der Presse. Lesen Sie die Auszüge und ergänzen Sie die Tabelle.

A

Lärmschutz und Naturschutz gehen vor

Naturschützer wollen dritte Startbahn am Flughafen verhindern

Die Oppositionsparteien und Naturschützer wollen den Bau der dritten Startbahn verhindern. Schon jetzt ist der Fluglärm für die Gemeinden fast unerträglich. Mit einer dritten Startbahn wird die Lärmbelästigung noch größer …

B Leserbrief

Startbahn ja, Startbahn nein! Was nützt uns die neue Startbahn am Flughafen, wenn die Zufahrtsstraßen täglich verstopft sind?! Jede Woche fliege ich mindestens dreimal. Die Wartezeiten am Flughafen sind da das kleinere Problem. Wir brauchen eine breitere Autobahn, damit wir nicht immer im Stau stehen …
(Halil Yildiz-Graf, Darmstadt)

C

Endlich keine Verspätungen mehr am Flughafen! Die Startbahn wird gebaut

Einigkeit über den Bau der neuen Startbahn

Schluss mit den Verspätungen im Flugverkehr. Schluss mit der Unfallgefahr wegen überlasteter Start- und Landebahnen! Die Regierungsparteien haben grünes Licht gegeben. Der Bau der Startbahn soll schon im Frühjahr des nächsten Jahres beginnen …

	pro Startbahn am Flughafen	pro Zufahrtsstraße zum Flughafen	kontra Startbahn am Flughafen
Text A, B oder C?	C		
Begründung			Lärmschutz

d Eine Tatsache und so unterschiedliche Meinungen und Texte? Warum ist das so? Zwei Aussagen sind richtig. Kreuzen Sie an.

1. ☐ Nur eine Zeitung schreibt die Wahrheit, die anderen lügen.
2. ☐ Die Zeitungen präsentieren oft nur einen Teil der Information.
3. ☐ In jedem Artikel wird ein bisschen gelogen.
4. ☐ Jede Zeitung und jeder Journalist vertritt eine andere Meinung.

13 Welche Funktion und Verantwortung haben die Medien? Welche die Bürger? Ergänzen Sie jeweils *Medien* oder *Bürger*.

1. Die ______________ kontrollieren Politik und Öffentlichkeit.
2. Medien und Bürger dürfen und sollen frei ihre Meinung äußern.
3. Die ______________ geben meistens keine objektiven Informationen.
4. Die ______________ müssen sich an mehreren Stellen informieren.
5. Die ______________ informieren Politik und Öffentlichkeit.

14 Eine Tatsache, viele Meinungen: Kennen Sie dazu ein aktuelles Beispiel? Sprechen Sie im Kurs.

3: Politische und gesellschaftliche Beteiligung

Die Wahlrechtsgrundsätze

allgemein	unmittelbar	frei	gleich	geheim
Jede/r Deutsche über 18 Jahre darf wählen.	Die Wahl ist direkt.	Jede/r darf frei wählen, wem er seine Stimme gibt.	Alle Stimmen zählen gleich viel.	Es wird geheim gewählt.

Verschiedene Wahlen

Bundestagswahl	Landtagswahl	Kommunalwahl	
		Gemeinderatswahl	Bürgermeisterwahl
alle 4 Jahre	alle 4–5 Jahre	alle 4–6 Jahre	alle 5–8 Jahre
nach dem Mehrheitsprinzip			
Wahl der Abgeordneten / Volksvertreter für das Parlament der Bundesrepublik Deutschland	Wahl der Abgeordneten / Volksvertreter für das Parlament eines Bundeslandes	Wahl der Abgeordneten / Volksvertreter für eine Stadt oder Gemeinde	Wahl des (Ober-) Bürgermeisters für eine Stadt oder eine Gemeinde
Wahlberechtigte: Bürger ab 18 Jahren, deutsche Staatsbürgerschaft seit mindestens 1 Jahr			
		Teilnahme an Kommunalwahlen in fünf Ländern ab 16 Jahren möglich EU-Bürger mit Wohnsitz in der Gemeinde seit mindestens 3 Monaten	
5 %-Hürde Parteien, die weniger als 5 % der Stimmen haben, dürfen nicht in den Bundestag oder Landtag einziehen.			

Möglichkeiten der Beteiligung für alle

- Sich politisch für die Belange der Ausländer engagieren im Ausländerbeirat
- Mitarbeiten in Ehrenämtern
- Gemeinsam mit anderen Interessenten für oder gegen etwas kämpfen in Bürgerinitiativen
- Sportlich, musikalisch oder auch anderweitig aktiv sein in Vereinen

Geschichte und Verantwortung
Was ist Geschichte?

1 **Was sieht man auf den Fotos? Was haben diese Fotos mit Geschichte zu tun? Erzählen die Fotos auch Geschichten? Was meinen Sie?**

2 **Haben Sie sich in der Schule für Geschichte interessiert? Oder fanden Sie Geschichte im Unterricht meistens langweilig? Was ist eigentlich Geschichte?**

a **Was bedeutet Geschichte für Sie? Kreuzen Sie an.**

Wenn ich an Geschichte denke, denke ich an …

- ☐ Ereignisse und Jahreszahlen. Die mussten wir in der Schule auswendig lernen.
- ☐ Geschichten von früher. Die haben uns unsere Eltern und Großeltern erzählt.
- ☐ bestimmte Orte. Sie erinnern noch heute an Dinge, die früher passiert sind.
- ☐ die Vergangenheit. Sie ist für immer vorbei.

Sich mit Geschichte zu beschäftigen, heißt …

- ☐ Spuren zu suchen, die Menschen vor uns hinterlassen haben.
- ☐ zu verstehen: So ist ein Land zu dem geworden, was es heute ist.
- ☐ zu verstehen: So sind wir zu dem geworden, was wir heute sind.
- ☐ zu lernen: Aus der Vergangenheit für die Gegenwart und die Zukunft.

b **Vergleichen Sie Ihre Einstellungen. Tauschen Sie sich im Kurs aus.**

3 Was interessiert Sie persönlich am meisten an Geschichte? Was finden Sie spannend, was ganz interessant, was eher langweilig? Welche Themen, Personen, Zeitabschnitte interessieren Sie?

Die Geschichte der Schokolade reicht 3000 Jahre zurück: Von den alten Hochkulturen Mittelamerikas bis …

Für Ingenieure und Arbeiter war der Bau von Pyramiden …

Das Bild zeigt den Alexanderplatz in Berlin um 1903. Das öffentliche Leben und der Straßenverkehr …

1964 bekam der millionste Gastarbeiter als Geschenk ein Moped. Der Portugiese …

Die iranische Bürgerrechtlerin Shirin Ebadi erhielt 2003 den Friedensnobelpreis. Mit der Ehrung …

4 Erlebte Geschichte – erlebte Geschichten? Gibt es Ereignisse in der jüngeren Geschichte Ihres Heimatlandes, die Sie bewusst miterlebt haben, oder von denen Ihnen Ihre Eltern oder Großeltern erzählt haben? Haben Sie auch in Deutschland schon Ereignisse miterlebt, von denen Sie sagen würden: „Das war Geschichte!" Wissen Sie noch, was Sie damals gemacht haben?

In meinem Heimatland: ____________________

In Deutschland: ____________________

5 Geschichte: Vergangenheit, Gegenwart, Zukunft? Wie können wir heute Geschichte von morgen gestalten?

a Wie soll die Zukunft aussehen? Was ist Ihnen besonders wichtig? Schreiben Sie drei Wünsche auf.

1

2

3

b Stellen Sie Ihre Wünsche im Kurs vor. Gibt es Gemeinsamkeiten? Was ist allen besonders wichtig? Was können wir heute tun, damit unsere Wünsche Wirklichkeit werden? Überlegen Sie gemeinsam.

Modul 1, Möglichkeiten der Beteiligung, S. 38

Der Nationalsozialismus und seine Folgen

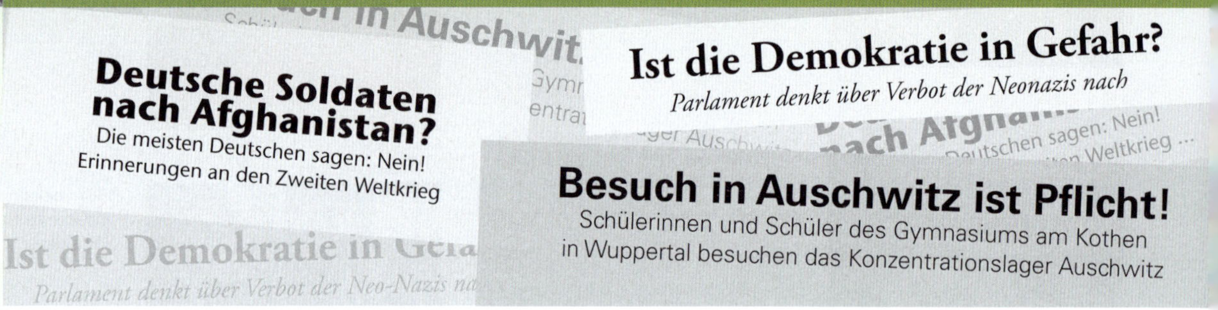

1 Warum beschäftigen wir uns im Orientierungskurs mit der deutschen Geschichte ab 1933?

a Was ist 1933 – 1945 in Deutschland geschehen? Was wissen Sie darüber?

b Warum sind die Ereignisse von damals immer noch wichtig für Deutschland und die Deutschen? Lesen Sie die Schlagzeilen oben. Sprechen Sie darüber im Kurs

Wie wurde Deutschland zu einer Diktatur?

2 Heute ist Deutschland eine Demokratie. Aber die Geschichte zeigt: Demokratie ist nicht selbstverständlich.

a Wie war die politische Entwicklung? Lesen Sie den Text.

i

Von 1871 bis 1918 war Deutschland ein Kaiserreich. Erst nach dem Ersten Weltkrieg (1914–1918) wurde es eine Republik mit einer demokratischen Verfassung. Aber nicht alle Deutschen waren damals überzeugte Demokraten. Die Weimarer Republik hatte von Anfang an viele Gegner aus verschiedenen politischen Lagern. Ende der Zwanziger Jahre begann die Weltwirtschaftskrise. Das Geld verlor seinen Wert und es gab mehr als sechs Millionen Arbeitslose. Diese Situation nutzten Hitler und seine Partei, die NSDAP (Nationalsozialistische Deutsche Arbeiterpartei). Auch durch das Versprechen, die Arbeitslosigkeit zu beseitigen, gewann die NSDAP Wählerstimmen. Bei der Wahl zum Reichstag (Parlament) im Juli 1932 wurde sie stärkste Partei. Hitler wurde im Januar 1933 Reichskanzler. Deutschlands Weg von der Demokratie zur Diktatur begann.

b PA Arbeiten Sie zu zweit. Was ist richtig? Was ist falsch? Kreuzen Sie an.

	richtig	falsch
1. Bis zum Ende des Ersten Weltkriegs gab es in Deutschland einen Kaiser.	☐	☐
2. Von 1918 bis 1933 hatte Deutschland eine demokratische Verfassung.	☐	☐
3. Allen Menschen in Deutschland gefiel die Demokratie.	☐	☐
4. Ende der Zwanziger Jahre ging es den Menschen in Deutschland sehr gut.	☐	☐
5. Hitler versprach alles besser zu machen. Deshalb wählten ihn viele Deutsche.	☐	☐

3 **Was hat sich nach Hitlers Wahlsieg in Deutschland geändert? Im Bereich der Politik? Im Bereich des Rechts? Im Bereich der Presse? Im privaten Leben?**

a **Wem würden Sie welchen kritischen Satz zuordnen?**

Meine Zeitung hat mich entlassen, weil ich einen kritischen Artikel schreiben wollte.

Ich will Karriere machen, alles andere ist mir egal.

Ich habe Angst.

Skandal! Menschen kommen jetzt ohne Gerichtsverhandlung ins Gefängnis.

Wir dürfen keine eigene Meinung mehr haben. Wir sollen nur noch dem Führer gehorchen.

Es gibt kein Parlament mehr in Deutschland. Hitler kann jetzt machen, was er will.

RICHTER

POLITIKER

JOURNALIST

VOLK

b **Zwei Sätze bleiben übrig. Zu wem passen sie? Was bedeuten sie für die Jahre 1933–1945? Hätten die Menschen weniger an ihre Karriere denken sollen? Hätte man mit mehr Mut den Nationalsozialismus verhindern können? Wäre dann die Geschichte anders verlaufen? Was meinen Sie? Sprechen Sie im Kurs.**

c **Welche Folgen hatte Hitlers Wahlsieg für die Demokratie? Verbinden Sie die Satzteile.**

1 ☐ Die neue Regierung verbietet …	A die Regierung nicht kritisieren.
2 ☐ Die neue Regierung löst …	B alle anderen politischen Parteien.
3 ☐ Die neue Regierung verfolgt und tötet …	C und Gesetz nicht mehr.
4 ☐ In Deutschland gibt es …	D keine Pressefreiheit mehr.
5 ☐ In Deutschland darf man …	E ihre politischen Gegner.
6 ☐ In Deutschland gelten Recht …	F eine Diktatur.
7 ☐ Hitler macht aus Deutschland …	G das Parlament auf.

i

Als Reichskanzler beseitigte Hitler seine politischen Gegner. Kommunisten und Sozialdemokraten waren die Ersten, die ins Gefängnis und in die Konzentrationslager kamen. Ihnen folgten Menschen, die sich offen gegen sein Regime aussprachen, z. B. Schriftsteller und Theologen. Neben der politischen Verfolgung wurden von Anfang an Menschen und Gruppen diskriminiert, die von den Nationalsozialisten als minderwertig betrachtet wurden. Juden, Sinti und Roma, die Zeugen Jehovas, Menschen mit Behinderung, Homosexuelle und andere Menschen wurden in der NS-Diktatur verfolgt und ermordet.

4 **Was unterscheidet eine Diktatur von einer Demokratie? Bilden Sie Gegensatzpaare.**

1 Polizeistaat	A demokratisch gewählte Regierung
2 Konzentration der Macht	B Freiheit der Menschen
3 Einparteienstaat	C Gewaltenteilung
4 Kontrolle der Menschen	D Rechtsstaat
5 Regierung nicht demokratisch gewählt	E Mehrparteiensystem

@ *www.deutschegeschichten.de*

Welche Verbrechen begingen die Deutschen an den Juden?

5 Seit 2005 gibt es im Zentrum von Berlin ein wichtiges Mahnmal. Es soll an den Holocaust erinnern, an die Ermordung von sechs Millionen Juden.

a Sehen Sie sich die Bilder an. Wie wirkt das Mahnmal auf Sie?

b Kennen Sie andere Orte, die an den Holocaust erinnern? Beschreiben und erzählen Sie.

c Warum ist die öffentliche Erinnerung an den Holocaust auch heute noch so notwendig? Sprechen Sie im Kurs.

i Die Nationalsozialisten vertraten eine Rassenideologie, in der ihrer Meinung nach die „arische Rasse" allen anderen überlegen war. Als besonders „minderwertig" wurden die Juden betrachtet. Hitler und seine Anhänger waren von der Idee besessen, die Juden zu vernichten. Die Nationalsozialisten begannen ab 1933 die Juden zu verfolgen und zu entrechten. Mit Kriegsbeginn steigerte sich die Verfolgung zu einer systematischen Vernichtung der Juden, zum Holocaust.

6 Welche Verbrechen verübten die Deutschen an den Juden? Lesen Sie die Texte und schreiben Sie die Jahreszahlen daneben.

1933 | 9.11.1938 | ab 1941 | 27.1.1945

__________ Juden werden ausgegrenzt: Ihre Geschäfte werden boykottiert, sie werden aus öffentlichen Ämtern entlassen, Eheschließungen mit Juden werden verboten.

__________ Im November 1938 kommt es zu massiven Ausschreitungen und Angriffen auf jüdische Mitbürger. Das schlimmste Pogrom findet am 9. November statt. Läden, Wohnungen, Synagogen und jüdische Friedhöfe werden zerstört. Es kommt zu Festnahmen und Tötungen.

__________ Die jüdische Bevölkerung wird in den Osten Europas deportiert. Dort sollen alle europäischen Juden in Konzentrations- und Vernichtungslagern ermordet werden.

__________ Am 27. Januar befreien sowjetische Soldaten die Gefangenen im Konzentrations- und Vernichtungslager Auschwitz. In Auschwitz wurden mehr als eine Million Menschen ermordet. Der Auschwitz-Gedenktag am 27. Januar erinnert an die Opfer.

Welche Folgen hatte der Zweite Weltkrieg für Deutschland und Europa?

i

Hitler war der Überzeugung, dass die Deutschen als überlegene „arische Rasse“ mehr „Lebensraum im Osten“ benötigen. 1939 überfiel Deutschland Polen, später auch die Sowjetunion.

7 **Was wissen Sie über den Zweiten Weltkrieg? Haben Sie Ihre Kenntnisse aus Büchern, aus Filmen oder aus den Erzählungen Ihrer Eltern, Großeltern und Urgroßeltern? Sprechen Sie darüber im Kurs.**

8 **Wie begann und verlief der Zweite Weltkrieg in Europa? Ordnen Sie die Sätze.**

a [1] Der Zweite Weltkrieg beginnt am 1. September 1939 mit dem Angriff des Deutschen Reiches auf Polen.

b [ ] 1944 landen die Westalliierten in der Normandie (Französische Küste).

c [ ] Die deutsche Wehrmacht[1] marschiert im Sommer 1941 in die Sowjetunion ein.

d [ ] Sowjetische, britische und amerikanische Truppen marschieren 1945 in Deutschland ein.

e [ ] Nach dem Angriff auf Pearl Harbor im Dezember 1941 treten die USA in den Krieg ein.

f [ ] Ab 1942 werden deutsche Städte von Engländern und Amerikanern bombardiert.

g [ ] An der Ostfront kapitulieren deutsche Truppen 1943 während des harten Winters.

h [ ] Am 8. Mai 1945 muss Deutschland kapitulieren.

1 Name der deutschen Armee von 1935–1945

9 **Welche Folgen hatte der Zweite Weltkrieg?**

a **Welches Bild passt zu welchem Satz? Ordnen Sie zu.**

A Zu Fuß nach Westen

B Deutschland nach dem Krieg

C Bau der Berliner Maue

1. Die Sieger des Krieges haben Deutschland besetzt. Bild______
2. Viele Menschen müssen ihre Heimat in Ost-, Mittel- und Südosteuropa verlassen. Bild ______
3. Der Kalte Krieg teilt Deutschland und Europa. Bild ______

b **Wissen Sie, wie lange die Teilung Europas dauerte? Haben Sie oder Ihre Eltern und Großeltern noch etwas davon mitbekommen? Sprechen Sie im Kurs.**

Gab es Widerstand gegen die nationalsozialistische Herrschaft?

Nicht alle Deutschen waren Nationalsozialisten. Nicht alle waren Täter. Viele hatten damals Angst und schauten weg. Aber es gab auch Menschen, die Widerstand leisteten. Sie versuchten etwas gegen das Unrecht und die Unmenschlichkeit in ihrem Staat zu tun.

10 Welche Formen von Widerstand gab es in Deutschland?

a Lesen Sie den Text und unterstreichen Sie wichtige Informationen.

i

Es gab keinen breiten Widerstand gegen die Nationalsozialisten. Nur eine kleine Minderheit der Bevölkerung war am Widerstand beteiligt: Einzelpersonen und kleine Widerstandsgruppen.
Die bekannteste Widerstandsgruppe ist die Gruppe um Oberst von Stauffenberg. Zusammen mit anderen Offizieren versuchte er am 20. Juli 1944 Hitler umzubringen. Aber das Attentat war erfolglos und alle am Widerstand beteiligten Personen wurden zum Tode verurteilt.
Auch junge Leute kämpften gegen Hitler. Am bekanntesten ist die „Weiße Rose", eine Widerstandsgruppe um die Münchner Studenten Sophie und Hans Scholl. In Flugblättern forderten sie 1942/43 die Menschen auf, Hitler nicht länger zu gehorchen. Sie wurden verraten, verhaftet und wenige Tage später hingerichtet.
Wenn auch nicht viele Deutsche offenen Widerstand leisteten, so zeigten doch manche Zivilcourage im Alltag. Sie unterstützten Juden bei der Flucht oder halfen ihnen dabei, sich zu verstecken.

Claus Schenk Graf von Stauffenberg

Hans und Sophie Scholl, Christoph Probst

b Was machte den Widerstand so schwierig? Sprechen Sie im Kurs.

11 Lesen Sie die Schlagzeile und tauschen Sie sich im Kurs aus.

Welche Bedeutung hat Zivilcourage heute in der Demokratie? Wann sollte man im Alltag handeln? Wie kann man sich für andere einsetzen und sozialen Mut zeigen? Kennen Sie Beispiele, Aktionen oder Initiativen?

Neonazis überfallen jungen Angolaner

Frau wollte dem Mann helfen. Sie liegt mit schweren Verletzungen im Krankenhaus.

4: Nationalsozialismus

Was war der Nationalsozialismus und welche Folgen hatte er?

Was passierte 1933–1945?	Wie nennt man das?
1. Hitler kam an die Macht.	sog. Machtergreifung
2. Der Staat hielt sich nicht länger an die Gesetze.	Unrechtsstaat, Diktatur
3. Sechs Millionen Juden wurden verfolgt und ermordet.	Holocaust
4. Menschen kämpften gegen das Unrecht.	Widerstand
5. Deutscher Angriff auf Polen 1939.	Beginn des Zweiten Weltkriegs
6. Deutschland verlor den Krieg und musste aufgeben.	Kapitulation
7. Die Sieger befreiten das Land vom Nationalsozialismus.	Befreiung
8. Sie besetzten Deutschland und teilten es.	Besatzung und Teilung
9. Viele Deutsche flohen in den Westen.	Flucht
10. Andere mussten ihre Heimat verlassen.	Vertreibung

Was waren die Kennzeichen des Nationalsozialismus?

Der nationalsozialistische Staat war…

antidemokratisch

Es gab keine Parteien außer der NSDAP.
Es gab keine Gewaltenteilung.
Das bedeutet:
Es gab kein Parlament.
Es gab keine freie Rechtsprechung.
Es gab keine Kontrolle der Regierenden.
Es gab keine Pressefreiheit.

rassistisch / antisemitisch

Man teilte die Menschen in überlegene und minderwertige Rassen ein.
Man verfolgte Minderheiten.
Man verfolgte und vernichtete die Juden.

militaristisch / extrem nationalistisch

Man glaubte:
Das deutsche Volk ist allen anderen Völkern überlegen und deshalb mehr wert.
Das deutsche Volk braucht mehr Lebensraum.
Deshalb darf die deutsche Armee fremdes Land erobern.

Modul 1, Demokratie, Rechtsstaat, S. 12 / 13

Wichtige Stationen in der Geschichte Deutschlands nach 1945

Was war die Stunde Null?

1 Warum spricht man in Deutschland von der „Stunde Null", wenn man an das Ende des Zweiten Weltkriegs denkt?

a Sehen Sie sich die Fotos an. Überlegen Sie gemeinsam im Kurs.

b Wie sah das Leben der Menschen in Deutschland damals aus? Wie war die politische Lage? Ordnen Sie zu.

1. ☐ Viele Städte in Deutschland waren völlig zerstört.
2. ☐ Es gab sehr wenig zu essen und die Menschen hatten Hunger.
3. ☐ Viele Menschen hatten im Krieg und auf der Flucht ihre Familien verloren.
4. ☐ Viele Männer waren im Krieg gefallen oder in Gefangenschaft.
5. ☐ Die USA, Großbritannien, Frankreich und die Sowjetunion hatten Deutschland besetzt.
6. ☐ Die Siegermächte wollten in Deutschland demokratische Strukturen aufbauen.

A Sie fragten sich: „Wie können wir unsere Eltern, Brüder und Schwestern wiederfinden? Sind sie noch am Leben?"

B Sie überlegten: „Was soll mit Deutschland als Staat passieren?"

C Viele Menschen fragten sich: „Wo sollen wir jetzt wohnen?"

D Die Frauen mussten allein für ihre Kinder sorgen und die kaputten Häuser wieder aufbauen. Sie fragten sich: „Wie sollen wir das allein schaffen?"

E Sie fragten sich: „Woher sollen wir das Essen für den nächsten Tag nehmen?"

F Sie überlegten: „Wie können wir aus den Deutschen wieder Demokraten machen?"

c Gab es in Ihrem Land auch eine „Stunde Null"? Kann ein Land wirklich bei null neu beginnen? Diskutieren Sie darüber im Kurs.

Wie war der wirtschaftliche und staatliche Wiederaufbau Deutschlands?

Bis 1990 gab es zwei deutsche Staaten: die Bundesrepublik Deutschland und die DDR. Wie ist es dazu gekommen?

2 Wie sah die Entwicklung in Westdeutschland aus? Schauen Sie sich zunächst die Fotos an und lesen Sie dann die Texte. Welcher Text gehört zu welchem Foto?

Nachkriegszeit: Die vier Siegermächte regieren nun in Deutschland. Sie teilen das Land in vier Besatzungszonen. Die alliierte Besatzung regiert die vier Zonen und Berlin. ☐

Ost-West-Konflikt: Doch die Sowjetunion und die USA werden bald zu Konkurrenten. Ihre Ideen über Politik und Wirtschaft sind zu unterschiedlich: In der Sowjetunion wird die sozialistische Planwirtschaft, in den USA der Kapitalismus und die Demokratie als richtiges System angesehen. Diese Unterschiede kann man nicht mit Kompromissen überbrücken. Der Kalte Krieg beginnt. ☐

Wirtschaftshilfe: Die USA beginnen, die Westzonen mit Hilfe des Marshall-Plans wirtschaftlich aufzubauen. 1948 wird in Westdeutschland eine neue Währung eingeführt: die D-Mark. Durch beide Maßnahmen verbessert sich die Lage der Menschen im Westen. Der Wiederaufbau beginnt. ☐

Grundgesetz: Westdeutschland soll wieder eine Republik werden und eine Verfassung erhalten: das Grundgesetz. Es wird am 23. Mai 1949 verkündet. Die Grund- und Menschenrechte sind die Basis des neuen Staates. Sie gelten für alle: die Staatsorgane und die Bürger. ☐

Neuer Staat im Westen: Aus den Westzonen entsteht ein neuer Staat, die Bundesrepublik Deutschland. Die Hauptstadt ist Bonn. Erster Bundeskanzler wird Konrad Adenauer (CDU). Politisch, wirtschaftlich und später auch militärisch orientiert sich die Bundesrepublik an den westlichen Staaten unter der Führung der USA. ☐

Wirtschaftswunder: Die westdeutsche Wirtschaft wird immer stärker. Der Staat nimmt viele Steuern ein und kann damit die notwendigen Reformen finanzieren. Den Menschen geht es ab den 50er Jahren besser. Sie können sich jetzt wieder mehr leisten. Es gibt Wohlstand für viele. Man spricht vom „Wirtschaftswunder". ☐

Neue Ostpolitik: Anfang der 70er Jahre besucht Bundeskanzler Willy Brandt (SPD) die DDR und andere sozialistische Staaten. Er möchte das Verhältnis zu den östlichen Nachbarn Deutschlands verbessern und durch intensive Gespräche den Kalten Krieg überwinden. Ein wichtiges Zeichen ist der Kniefall vor dem Ghetto-Mahnmal in Warschau. Damit bittet Willy Brandt Polen um Vergebung für die Verbrechen des Nationalsozialismus. ☐

A

B

C

D

E

F

G

3 Wie sah die Entwicklung in Ostdeutschland aus? Lesen Sie die Texte und bringen Sie sie in die richtige Reihenfolge.

A ☐ **Die Planwirtschaft und ihre Folgen:** In dem neuen Land DDR gibt es keine freie Marktwirtschaft. Die meisten Betriebe und Läden gehören dem Staat. Man stellt Fünfjahrespläne für die Entwicklung der Wirtschaft auf. Aber die Planwirtschaft ist nicht sehr erfolgreich.

B ☐ **Die DDR wird gegründet:** Am 7. Oktober 1949 entsteht auch im Osten des besetzten Deutschlands ein neues Land: die DDR. Das ist die Kurzform für „Deutsche Demokratische Republik". Sie ist ein sozialistischer Staat nach dem Vorbild der Sowjetunion.

C ☐ **Der Bau der Berliner Mauer:** Seit 1949 haben fast drei Millionen Menschen die DDR verlassen. Sie sind nicht einverstanden mit dem politischen System. „Republikflucht" nennt man das in der DDR. Am 13. August 1961 lässt die Regierung eine Mauer zwischen Ost- und West-Berlin bauen. Man will verhindern, dass noch mehr Leute in den Westen gehen.

D ☐ **Ein schwieriger Neuanfang:** Im Gegensatz zu den Westzonen erhält die Sowjetische Besatzungszone in der Nachkriegszeit keine Wirtschaftshilfe. Die Siegermacht Sowjetunion lässt Fabriken und Eisenbahnschienen abbauen und in die Sowjetunion schicken. Deshalb ist der wirtschaftliche Wiederaufbau schwieriger und langsamer als in der Bundesrepublik Deutschland.

E ☐ **Der Volksaufstand in der DDR:** Am 17. Juni 1953 kommt es in der DDR zu Protesten und Streiks. Die Menschen sind unzufrieden: Es gibt Versorgungsprobleme und sie sollen immer mehr arbeiten, um den Fünfjahresplan zu erfüllen. Die Regierung hat Angst vor einer Revolution und ruft die Sowjetunion zur Hilfe. Russische Panzer beenden die Proteste.

F ☐ **Die Entspannungspolitik und der Grundlagenvertrag:** Seit dem Besuch von Bundeskanzler Willy Brandt in der DDR sprechen die Regierungen in Bonn und Ost-Berlin wieder miteinander. Sie wollen stärker zusammenarbeiten. 1973 schließen sie einen Grundlagenvertrag. Darin erkennen sie sich gegenseitig als Staat an. Eine Wiedervereinigung in der Zukunft soll aber möglich bleiben.

! Bis zur Wiedervereinigung 1990 war der 17. Juni in der Bundesrepublik nationaler Gedenk- und Feiertag. Heute ist das der 3. Oktober.

4 Welche Folgen hatte die Teilung Deutschlands für viele Familien? Lesen Sie die Aussagen von Lily Wagner und Herbert Meier. Zu welchen Ereignissen aus Aufgabe 3 passen sie? Tragen Sie die Zahlen ein.

Ich habe lange nichts von meinem Bruder gehört. Hoffentlich geht es ihm gut. Die Bilder vom Volksaufstand in der DDR waren ja schrecklich. ☐

Mein Bruder im Osten schreibt, dass er stolz ist auf sein neues Land. Aber ist das denn Demokratie, was sie da machen? ☐

Schön, dass jetzt alles besser werden soll. Vielleicht kann mein Bruder zu meinem 60. Geburtstag nach Köln kommen. Ich habe ihn so lange nicht gesehen. ☐

Der Krieg ist jetzt drei Jahre vorbei, aber meiner Schwester und ihrer Familie im Westen geht es schon viel besser als uns hier. ☐

Meine Schwester im Westen hat jetzt ihr eigenes Schuhgeschäft. Sie ist begeistert von der freien Marktwirtschaft. ☐

Seit es die Mauer gibt, habe ich meine Schwester und ihre Kinder nicht mehr gesehen. Ob ich ihre Enkel jemals sehen werde? ☐

5: Deutschland nach 1945

Das geschah in der Nachkriegszeit …

8. Mai 1945: Der Krieg ist zu Ende. Man spricht von der Stunde Null.

Die alliierte Besatzung regiert in Deutschland.

Der Ost-West-Konflikt beginnt. Man spricht vom Kalten Krieg.

Deutschland zerfällt in zwei Teile.

Das geschah im Westen Deutschlands …

Der westdeutsche Staat entsteht nach dem Modell einer parlamentarischen Demokratie.

Westdeutschlands Wirtschaft wird nach dem Modell der sozialen Marktwirtschaft aufgebaut.

23. Mai 1949: Das Grundgesetz wird verkündet, Gründung der Bundesrepublik Deutschland.

Die Bundesrepublik Deutschland wird in den westlichen Block mit der Führungsmacht USA integriert.

50er Jahre:
Das Wirtschaftswunder bringt Wohlstand.

Beginn der 70er Jahre:
Bundeskanzler Brandt wagt eine neue Ost-Politik.

Das geschah im Osten Deutschlands …

Der ostdeutsche Staat entsteht nach dem Modell eines sozialistischen Staates.

Ostdeutschlands Wirtschaft wird nach dem Modell der Planwirtschaft aufgebaut.

7. Oktober 1949: Die Deutsche Demokratische Republik (DDR) wird gegründet.

Die DDR wird in den Ostblock mit der Führungsmacht Sowjetunion integriert.

17. Juni 1953:
In der DDR findet ein Volksaufstand statt.

13. August 1961: Die Berliner Mauer wird gebaut.

19. März 1970:
Willy Brandt besucht die DDR.

In Deutschland und Europa beginnt eine Politik der Entspannung.

21. Juni 1973: Der Grundlagenvertrag zwischen beiden deutschen Staaten wird geschlossen.

9. November 1989: Die Grenze wird geöffnet.
Man spricht vom Mauerfall.

Leben im wiedervereinigten Deutschland und in Europa

1

2

3

4

5

Wie kam es zur Wiedervereinigung? Wie leben die Menschen heute zusammen?

1 Heute sagt man: Am 9. November 1989 ist die Mauer „gefallen". Was wissen Sie darüber? Was haben Sie damals gemacht?

2 Wie wurde aus zwei deutschen Staaten wieder ein Staat?

a Sehen Sie sich oben die Fotos an. Von welchen Ereignissen wird berichtet?

b PA Arbeiten Sie zu zweit. Welcher Text gehört zu welchem Bild?

A ☐ Am 7. Oktober 1989 wird die DDR 40 Jahre alt. Auch während der Feierlichkeiten gehen die Demonstrationen gegen die DDR-Führung weiter. Am 18. Oktober tritt Staatschef Erich Honecker von allen Ämtern zurück. Die neue Regierung in Ost-Berlin verliert bald die Kontrolle über die Ereignisse. Am 9. November 1989 eilen Tausende Ost-Berliner an die Grenzen. Sie haben im DDR-Fernsehen gehört, dass sie ohne Antrag ins Ausland reisen dürfen. Die Grenzsoldaten öffnen die Grenzübergänge.

B ☐ Es finden politische Gespräche statt. Das Ziel von Bundeskanzler Helmut Kohl (CDU) ist die deutsche Einheit. Am sogenannten „Runden Tisch" beraten Parlamentarier aus beiden Teilen Deutschlands darüber. Durch den Staatsvertrag vom 1. Juli 1990 werden die beiden deutschen Staaten zu einer Währungs-, Wirtschafts- und Sozialunion. Die D-Mark wird jetzt auch in der DDR Zahlungsmittel.

C ☐ Seit 1985 ist Michail Gorbatschow Generalsekretär der Kommunistischen Partei in der Sowjetunion. Seine neue Außenpolitik bringt das Ende des Ost-West-Konfliktes. Dadurch wird die Wiedervereinigung Deutschlands möglich.

D ☐ Die wirtschaftliche Lage in der DDR wird schlechter. Immer mehr Menschen wollen das Land verlassen und fliehen über Ungarn und Österreich in die Bundesrepublik. Aber nicht alle DDR-Bürger wollen ihr Land verlassen. Viele möchten bleiben und die DDR verändern. In Leipzig finden die Montagsdemonstrationen statt. Im Oktober 1989 nehmen 70.000 Menschen daran teil.

E ☐ Die letzte Entscheidung aber haben die Alliierten. Im Sommer 1990 finden Gespräche zwischen den zwei deutschen Staaten und den vier Siegermächten des Zweiten Weltkriegs statt. Das Ergebnis ist der 2+4-Vertrag. Durch diesen Vertrag wird Deutschland wieder ein souveräner Staat. Am 31. August wird der Einigungsvertrag zwischen beiden deutschen Staaten unterzeichnet. Am 3. Oktober gibt es die DDR nicht mehr. Sie wird Teil der Bundesrepublik Deutschland, die nun rund 80 Millionen Einwohner hat. Die neue Hauptstadt wird Berlin.

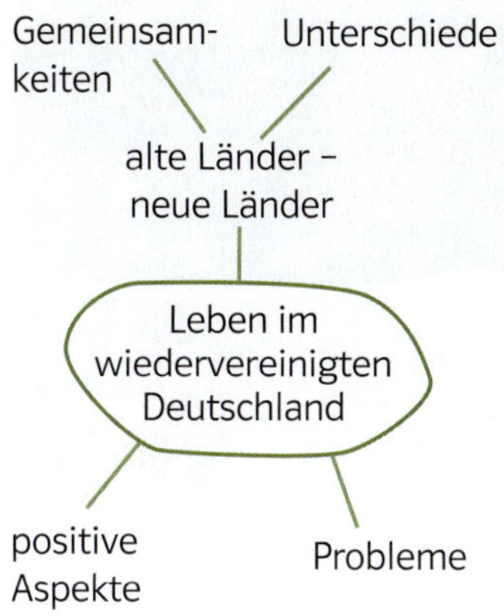

3 **Was wissen Sie über die Lebenssituation der Menschen im wiedervereinigten Deutschland? Gibt es Unterschiede zwischen den alten und den neuen Bundesländern?**

4 **Welche Folgen hatte die deutsche Einheit für die Menschen in Ost und West?**

a **Ordnen Sie zu.**

1 [H] Nach der Wiedervereinigung brauchte die Bundesregierung sehr viel Geld, …
2 ☐ Die Bürger in ganz Deutschland mussten deshalb …
3 ☐ Viele Betriebe in den neuen Ländern waren nicht rentabel, deshalb …
4 ☐ Es kam zu Massenentlassungen und …
5 ☐ Weil es nicht genug Arbeits- und Ausbildungsstellen gibt, …
6 ☐ Noch heute verdienen viele Menschen in den neuen Bundesländern …
7 ☐ Die Menschen in den neuen Ländern finden das ungerecht und …
8 ☐ In den alten Bundesländern denken manche, dass sie …

A viele Menschen verloren ihren Arbeitsplatz.
B weniger Geld als die Menschen im Westen.
C zu viel Geld für den Wiederaufbau der neuen Bundesländer bezahlen müssen.
D fühlen sich benachteiligt.
E höhere Steuern zahlen.
F gehen noch heute viele junge Leute in die alten Bundesländer.
G mussten sie schließen.
H um die Wirtschaft in den neuen Bundesländern wieder aufzubauen.

b **Was war Ihnen neu? Hat Sie etwas überrascht? Sprechen Sie darüber im Kurs.**

5 **Die staatliche Einheit Deutschlands ist Wirklichkeit geworden. Wie sieht es aber mit der inneren Einheit aus?**

a GA **Was zeigen die Äußerungen von Menschen aus den alten und den neuen Bundesländern? Sprechen Sie im Kurs.**

Wir leben seit acht Jahren in Brandenburg und fühlen uns wohl hier. Wir haben viele Kontakte. Meine Frau hat man in den Gemeinderat gewählt, obwohl wir Wessis sind.

Unser Nachbar kommt aus den neuen Bundesländern. Er ist sehr nett. Wir joggen freitags immer zusammen.

Wir Ossis gehören nicht dazu hier in Neustadt. Die Leute wollen unter sich bleiben. Fremde stören hier nur.

Wir arbeiten in Sachsen. Aber uns gefällt es hier nicht. Wir sind froh, wenn wir am Wochenende zurück nach München fahren können.

b **Was kann man tun, um Fremdheit zu überwinden? Welche Verhaltensweisen sind dabei hilfreich, welche nicht? Diskutieren Sie.**

Modul 3, interkulturelle Kompetenz, S. 73

@ http://europa.eu

Die EU – warum ist ein vereintes Europa wichtig?

6 In welche Länder und Städte Europas sind Sie schon gereist? Was hat Sie beeindruckt? Worüber waren Sie erstaunt? Berichten Sie darüber im Kurs.

7 Warum schlossen sich die Staaten Europas zusammen? Was waren die Motive? Wie sieht die Zusammenarbeit aus?

a Ergänzen Sie die Texte.

Zusammenschluss | Europäische Union | Frieden und Sicherheit | gemeinsame Werte | Lebensverhältnisse | wirtschaftliche Zusammenarbeit | Kohle- und Stahlindustrie

Nach den beiden Weltkriegen sollte in Europa endlich ______________________ geschaffen werden. **(TION)**

In Verträgen wird festgelegt: Die Staaten Europas sollen sich in Zukunft enger zusammenschließen und gemeinsame Interessen vertreten. Dafür wollen sie Schritt für Schritt nationale Kompetenzen abgeben und gemeinsame Beschlüsse fassen. Diesen ______________________ nennt man europäische Integration. **(TE)**

Am Beginn soll die ______________________ stehen. Damit will man die Lebensbedingungen der Menschen in Europa verbessern. Dann sollen die politische Zusammenarbeit und die Schaffung gemeinsamer Institutionen folgen. **(EU)**

1951 schließen sich mit Frankreich, Deutschland, Italien, den Niederlanden, Belgien und Luxemburg die ersten sechs Länder zusammen, um in der ______________________ zusammenzuarbeiten. **(PAS)**

Heute gehören 27 Länder zum vereinten Europa. Sie alle bilden zusammen die ______________________. **(IN)**

Für alle Mitgliedsländer sind ______________________ wichtig: Demokratie und Rechtsstaatlichkeit, Freiheit und Menschenrechte. **(GRA)**

Die europäische Union hat damit begonnen, auf dem Gebiet der Außen- und Sicherheitspolitik enger zusammenarbeiten. Eine Aufgabe für die Zukunft ist es, auch die ______________________ der Menschen in Europa anzugleichen, also die soziale Integration zu verwirklichen. **(RO)**

b Welches Ziel verfolgt die EU? Setzen Sie die Silben zusammen.

Das möchte die Europäische Union verwirklichen: die wirtschaftliche, politische, außen- und sicherheitspolitische und soziale

IN							

8 GA Wie ist die Meinung zu Europa und zur Europäischen Union in Ihren Ländern? Welche Vorteile hat die EU? Gibt es auch Nachteile? Was denken Sie darüber? Diskutieren Sie im Kurs.

tipp

Informationen können Sie sich besser merken, wenn Sie sie auf verschiedene Art und Weise aufnehmen. Mit der CD können Sie viele Themen zu Hause wiederholen. Die Arbeitsblätter zur CD helfen Ihnen dabei, das Wichtigste zu lernen.

6: Etappen auf dem Weg zur Wiedervereinigung

Etappen auf dem Weg zur Wiedervereinigung

Ende des Kalten Krieges durch Gorbatschows Westpolitik

Mauerfall am 9. November 1989

schwierige wirtschaftliche Lage in der DDR

Staatsvertrag zwischen der DDR und der Bundesrepublik Deutschland

2+4-Vertrag mit den Siegermächten

Wiedervereinigung am 3. Oktober 1990

Die Europäische Union
Motive / Ziele der europäischen Integration

- Frieden und Sicherheit für Europa
- Wohlstand für die Menschen in Europa
- Bewahrung und Aufbau demokratischer Strukturen in Europa

Bereiche der europäischen Integration

wirtschaftliche Integration:
z.B. gemeinsame Zollunion, gemeinsamer Binnenmarkt, Währungsunion

politische Integration:
z.B. durch gemeinsame EU-Organe: EU-Parlament, EU-Rat, Kommission, Gerichtshof, Rechnungshof

rechtliche und politische Integration:
z.B. Zusammenarbeit bei Gerichtsverfahren und Strafverfolgung

außen- und sicherheitspolitische Integration:
z.B. Einsatz von Wahlbeobachtern

soziale Integration:
Zukunftsprojekt der EU, z.B. Mindeststandards für Arbeitnehmer

Mensch und Gesellschaft
Was ist Kultur?

1 Was verstehen Sie unter Kultur?

a PA Was gehört zu Kultur? Was nicht? Warum? Arbeiten Sie zu zweit. Wählen Sie Begriffe aus und sprechen Sie mit Ihrem Partner / Ihrer Partnerin darüber. Präsentieren Sie dann Ihre Ergebnisse im Kurs.

Humor gehört für uns dazu, weil …

Politik · Humor · Mode · Gefühle · Musik · Sprache · Industrie · Schönheit · Medizin · Identität · Theater · Architektur · Erziehung · Wissen · Zeit · Literatur · Landschaft · Wissenschaft · Hygiene · Familie · Arbeit · Freizeit · Liebe · Regeln

2 Lesen Sie folgende Aussagen zum Thema Kultur. Welchen Aspekt finden Sie besonders wichtig? Warum? Mit welcher Meinung sind Sie einverstanden, mit welcher nicht?

Kultur hat für mich keine festen Grenzen. In meinem Leben habe ich verschiedene Rollen. Je nach Situation bin ich mal Türkin, mal Deutsch-Türkin, mal Deutsche.

Kultur ist in alten Traditionen verwurzelt. Deswegen ändert sie sich nur sehr langsam.

Es ist wichtig, andere Kulturen kennenzulernen. Ich reise viel und versuche dadurch Menschen aus anderen Ländern zu verstehen.

Wir leben in einer Zeit der schnellen Globalisierung. Bald wird es nur noch eine globale Kultur geben.

3 Was ist deutsche Kultur?

a Sprechen Sie über die Bilder auf der linken Seite. Was gehört Ihrer Meinung nach zur deutschen Kultur?

b Was möchten Sie über die deutsche Kultur (noch) wissen? Was überrascht Sie? Was verstehen Sie nicht? Sammeln Sie im Kurs Ihre Fragen.

Welche Dialekte gibt es in Deutschland?

Wann muss man pünktlich kommen?

Gibt man sich denn immer die Hand?

Die Deutschen sind direkt und verschlossen. Wie passt das zusammen?

4 Wie nehmen wir andere wahr? Wie nehmen uns die anderen wahr?

a Sehen Sie sich die Fotos an. Wer sind die Personen? Wie ist die Situation? Beschreiben Sie.

b Vergleichen Sie Ihre Wahrnehmungen im Kurs. Welche Unterschiede gibt es? Warum?

c Setzen Sie sich jetzt auch eine andere Brille auf: Wie betrachten andere Ihre Herkunftskultur und Ihr Heimatland? Welche Meinungen, Vorstellungen, Klischees oder Vorurteile gibt es? Was trifft zu, was nicht?

So sehen andere meine Kultur / mein Heimatland

____

____

____

____

So sehe ich das

____

____

____

____

Zusammenleben in der Familie und anderen Lebensgemeinschaften

1 Wie leben Ihre deutschen Bekannten, Nachbarn, Kollegen und Kolleginnen? Was haben Sie beobachtet? Erzählen Sie.

2 In Deutschland haben sich die Familienstrukturen, Lebensgemeinschaften und Lebensformen in den letzten 100 Jahren stark verändert.

a Welche Lebensformen gibt es heute? Sehen Sie sich dazu die Zeichnung an.

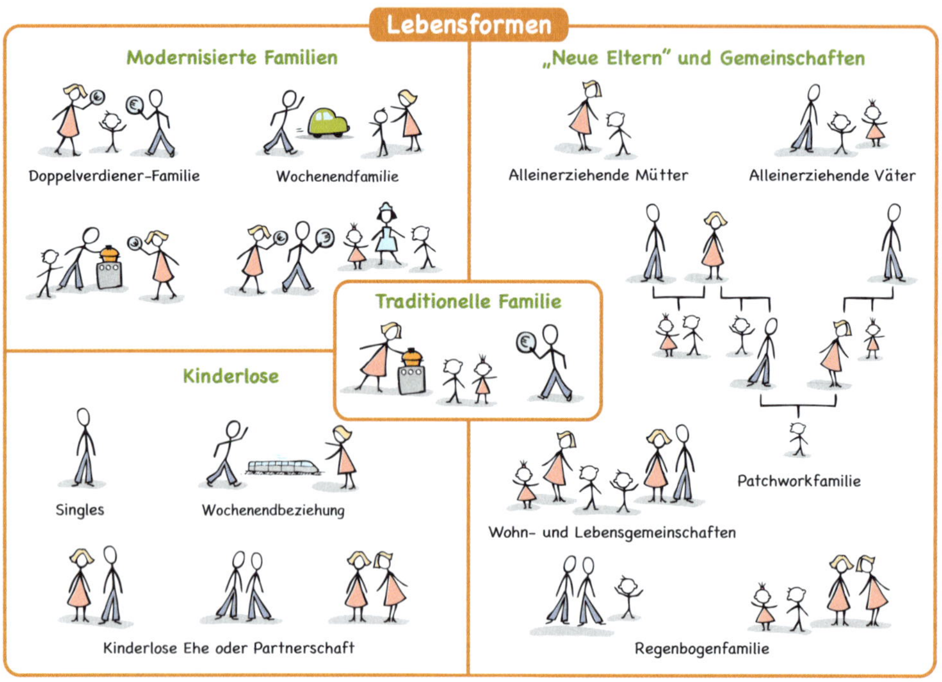

Für die Kinder …

Für den Mann …

Für die Frau …

b GA Arbeiten Sie in Gruppen. Suchen Sie sich zwei Lebensformen aus und überlegen Sie gemeinsam: Was sind die Vorteile, was sind die Nachteile dieser Lebensformen? Vergleichen Sie. Präsentieren Sie Ihre Ergebnisse im Kurs.

3 Was waren / sind die Gründe für die Veränderungen in der traditionellen Familienstruktur?

a Unterstreichen Sie das passende Wort.

1. Für viele ist die ________ nicht mehr so wichtig. Viele Paare leben zwar zusammen, heiraten aber nicht.

   Eheschließung | Partnerschaft | Scheidung

2. Wenn man in einer Ehe unglücklich ist, kann man sich ________ lassen. In Deutschland trifft das ca. für ein Drittel aller geschlossenen Ehen zu.

   umziehen | heiraten | scheiden

3. Immer mehr Frauen sind ________ und machen Karriere.

   glücklich | berufstätig | verheiratet

4. Die Zahl der ________ in Deutschland sinkt. Immer weniger Frauen bekommen Kinder.

   Geburten | Scheidungen | Hochzeiten

5. Die traditionellen Rollen von Frauen und Männern haben sich durch die Frauenbewegung und die ________ der Frauen verändert.

   Schönheit | Intelligenz | Emanzipation

6. Das Prinzip der ________ ist typisch für die deutsche Gesellschaft. Jeder Mensch hat eine große persönliche Freiheit und kann selbst über sein Leben entscheiden.

   Modernisierung | Individualisierung | Unterhaltung

7. Eine große Bedeutung für die Veränderungen in der Gesellschaft hat auch der ________: Nicht alles, was früher wichtig und gültig war, wird heute noch einfach akzeptiert.

   Wertewandel | Fortschritt | Tradition

b Welche Lebensformen sind in Ihrem Land üblich? Welche Veränderungen gab es? Warum? Erzählen Sie.

> **i**
>
> Vielfältige Lebensformen sind nur in einer toleranten Gesellschaft möglich.
> Im Grundgesetz der Bundesrepublik Deutschland steht in Art. 3, Absatz 3 das Antidiskriminierungsgebot:
> Niemand darf wegen seines Geschlechts, seiner Abstammung, seiner Rasse, seiner Sprache, seiner Heimat und Herkunft, seines Glaubens, seiner religiösen oder politischen Anschauungen, seiner Behinderung ungleich behandelt werden.

4 Wie ist es mit Ihrer Toleranz? Lesen Sie zuerst den Text oben. Diskutieren Sie dann über die Situationen.

1. Ihre Nachbarin ist berufstätig und macht Karriere. Der Ehemann ist jeden Tag zu Hause, kümmert sich um das Baby und den Haushalt.
2. Eine Frau (55) geht Hand in Hand mit ihrem Freund (33) im Park spazieren.
3. Ein Politiker sagt im Fernsehen: „Ich bin schwul." Würden Sie ihn wählen?
4. Eine Bekannte möchte zu einem anderen Glauben übertreten.
5. Stellen Sie sich vor: Ihr Sohn möchte seine deutsche Freundin heiraten.

Welche Funktionen hat die Familie?

In Deutschland gibt es viele unterschiedliche Formen des Zusammenlebens. Die Familie hat aber einen besonderen Stellenwert.

5 **Was bedeutet Familie für Sie? Erzählen Sie.**

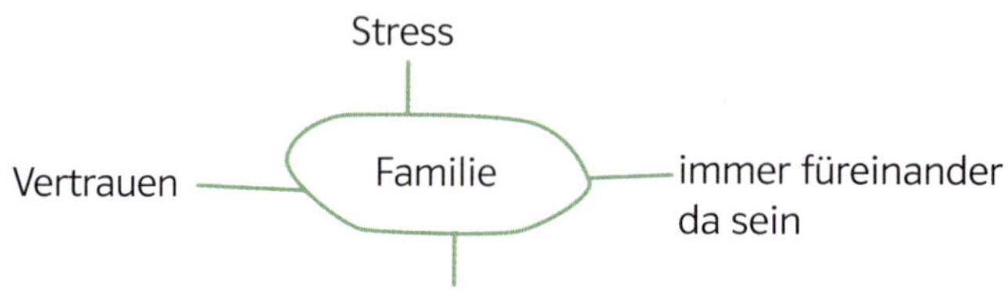

6 PA **Welche Bedeutung hat die Familie für die Gesellschaft? Für welche gesellschaftlichen Bereiche ist sie besonders wichtig? Was meinen Sie? Arbeiten Sie zu zweit. Suchen Sie sich unten Begriffe aus. Begründen Sie.**

Erziehung | Religion | Sicherheit | Zukunft | Demokratie | Alter | Tradition

Die Familie ist wichtig für den Bereich …, weil …

Eine zentrale Funktion der Familie ist …

7 **Was tut die Politik für die Familie? Ordnen Sie die Wörter zu.**

Kindergeld | Mutterschutz | Elternzeit | Artikel 6 GG | Elterngeld

1. Ehe und Familie stehen unter besonderem staatlichem Schutz. ____________
2. Mütter und / oder Väter bekommen dieses Geld vom Staat, wenn sie eine Zeit lang nicht arbeiten und sich um ihr Kind kümmern. ____________
3. Es wird für alle Kinder bis zum 18. Lebensjahr gezahlt, für Kinder in der Ausbildung bis zum 25. Lebensjahr. ____________
4. Mütter oder Väter können mit ihrem Kind maximal drei Jahre zu Hause bleiben und verlieren ihren Arbeitsplatz nicht. ____________
5. Diese Phase beginnt sechs Wochen vor und endet acht Wochen nach der Geburt eines Kindes. Ein wichtiger Teil ist der Erhalt der Arbeitsstelle. ____________

Modul 1, Sozialstaat, S. 14

Was bedeuten Gleichberechtigung und Gleichstellung?

8 **Wie sind in Ihrer Familie die Rollen verteilt? Wer macht was? Lesen Sie die Stichwörter und tauschen Sie sich aus.**

Lebensmittel einkaufen | Essen kochen | die Wohnung putzen | Reparaturen im Haushalt | sich um die Kinder kümmern | den Urlaub planen | mit Behörden sprechen | …

9 **Beruf und Familie: Welche Einstellungen und Meinungen gibt es dazu?**

a **Lesen Sie zuerst die Aussagen von Lydia, Eva und Johannes.**

Lydia: Ich bin 32 Jahre alt und gerade mit meinem Architekturstudium fertig. Davor habe ich eine Ausbildung als Tischlerin gemacht. Jetzt baue ich mein eigenes Architekturbüro auf. Kinder sind im Moment kein Thema. Ich habe nicht so lange studiert und so viel gearbeitet, um jetzt für ein paar Jahre zu Hause zu bleiben! Im Moment ist mir meine berufliche Karriere am wichtigsten.

Eva: Geheiratet habe ich mit 24 Jahren. Das erste Kind kam, als ich 26 war, das zweite mit 28 Jahren. Mein Mann arbeitet viel und kommt meistens erst am Abend nach Hause. Für die Kinder und den Haushalt hat er also nicht viel Zeit. Aber so sind bei uns eben die Rollen verteilt. Wenn die Kinder etwas größer sind, möchte ich vielleicht auch wieder arbeiten gehen. Aber eigentlich sind wir so zufrieden.

Johannes: Meine Frau und ich haben gemeinsam entschieden, dass ich mit unserem Kind zu Hause bleibe. Meine Frau hat einen guten Job. Für mich als jungen Akademiker ist es schwierig, eine gute Stelle zu finden. Es ist kein Problem für mich „typische" Frauenarbeiten zu machen, im Gegenteil! Durch die Rolle als Hausmann erlebe ich den Alltag und das Zusammenleben mit unserer Tochter intensiver.

b **Vergleichen Sie nun: Verhalten sich Frauen und Männer in Ihrem Heimatland ähnlich? Machen sie etwas anders? Erzählen Sie.**

10 **Zahlen und Fakten: Welchen Punkt finden Sie interessant? Wo sehen Sie Unterschiede zu Ihrem Land? Worüber möchten Sie mehr erfahren?**

77 Prozent der Männer wollen sich den Haushalt mit der Partnerin teilen. Wenn ein Kind geboren wird, sind 20 Prozent der Männer bereit, für ein Jahr aus dem Job auszusteigen und zu Hause zu bleiben.

Parkplätze nur für Frauen gibt es z.B. in Parkhäusern und Tiefgaragen. Sie sind meistens nahe am Treppenhaus oder Aufzug. Sie sind besser beleuchtet als andere Parkplätze und häufig auch videoüberwacht.

Seit 2001 dürfen Frauen in der Bundeswehr auch den Dienst an der Waffe leisten.

Angela Merkel ist die erste deutsche Bundeskanzlerin. In der Politik gibt es immer mehr Frauen. Im Jahr 1980 waren 8,4 Prozent der Abgeordneten im Deutschen Bundestag Frauen, heute sind es 32 Prozent.

Bei der Heirat kann man den Namen des Partners/der Partnerin annehmen, einen Doppelnamen bilden oder den eigenen Namen behalten.

Wie leben alte Menschen in Deutschland?

Die heute 60-Jährigen haben im Durchschnitt noch mehr als ein Viertel ihres Lebens vor sich. Welche Möglichkeiten bietet das Älterwerden?

11 Sehen Sie sich die Fotos an. Welches Altersbild wird hier vermittelt?

a Sprechen Sie im Kurs. Wie wirkt es auf Sie?

b Wie stellen Sie sich das Leben im Alter vor? Was erhoffen Sie, was fürchten Sie? Erzählen Sie.

12 Die modernen Lebensformen und die veränderten Rollenbilder haben auch Folgen für die Entwicklung der Bevölkerung in Deutschland.

a Sehen Sie sich diese beiden Statistiken an. Wie verändert sich die Altersstruktur?

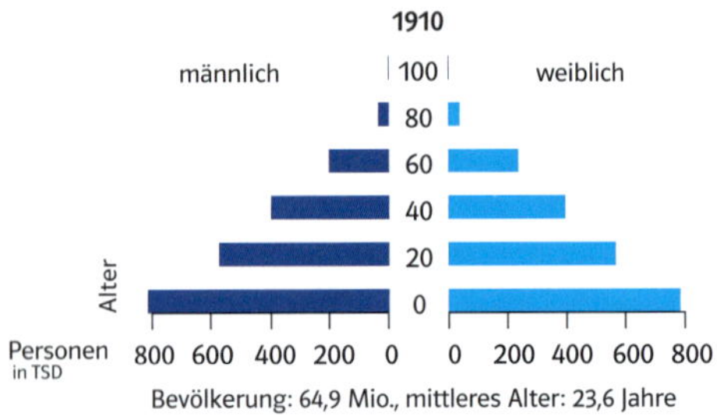

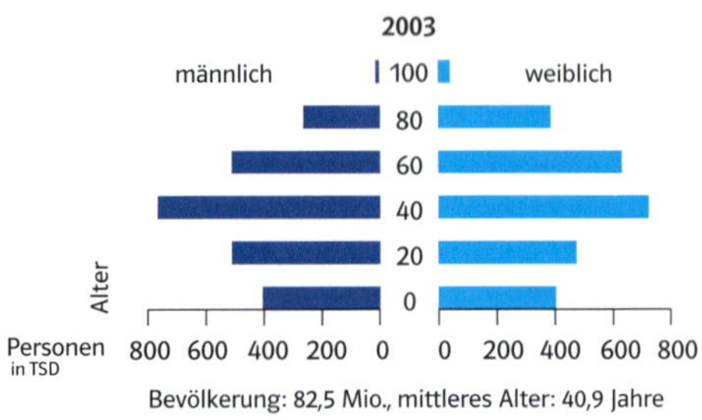

b Wie funktioniert das Rentensystem in Deutschland? Welche Folgen hat dabei die Bevölkerungsentwicklung? Lesen Sie den Text. Erklären Sie.

i

Das Rentensystem in Deutschland funktioniert bisher so: Die Jüngeren finanzieren mit ihren Beiträgen zur Sozialversicherung die Renten für die Älteren. Dieser *Generationenvertrag* ist nicht schriftlich festgelegt – er ist eine allgemeine gesellschaftliche Vereinbarung.

Das Problem ist, dass die Zahl der jungen Berufstätigen sinkt, die Zahl der Rentner aber steigt. Für die heutige Generation der Erwerbstätigen heißt das, sie müssen schon jetzt mehr Geld in die Rentenversicherung einzahlen. Für die Zukunft heißt das: kleinere Renten.

Modul 1, private Vorsorge, S. 32

13 GA Vergleichen Sie das Leben der älteren Menschen in Deutschland und in Ihrem Heimatland. Was ist anders? Was ist besser, was weniger gut? Arbeiten Sie in Gruppen und präsentieren Sie Ihre Ergebnisse im Kurs.

tipp

Es ist wichtig, über die Kursthemen zu sprechen! Lernen Sie deshalb nicht nur allein, sondern auch zusammen mit anderen Kursteilnehmern. Sie können sich gegenseitig Fragen stellen und so Ihr Wissen austauschen und überprüfen.

Gleichberechtigung

Die Gleichberechtigung von Frauen und Männern ist im Grundgesetz in Artikel 3 festgeschrieben. Hier steht auch, dass niemand wegen seines Geschlechts diskriminiert werden darf. Dem Staat ist es wichtig, dass die Gleichberechtigung auch im alltäglichen Leben funktioniert, und er unterstützt die Durchsetzung dieses Prinzips.

Rollenbilder und Aufgabenteilung in Familien

traditionell:

Die Frauen sind zu Hause, kümmern sich um Kinder und Haushalt. | Die Männer entscheiden für die ganze Familie, arbeiten und ernähren die Familie. | Sie beteiligen sich nur wenig an der Erziehung der Kinder und an den Arbeiten im Haushalt.

modern:

Frauen setzen ihre Rechte in der Partnerschaft, im Beruf und in der Freizeit durch. | Die Ehepartner sind beide oder abwechselnd berufstätig. | Sie teilen sich die Hausarbeit und kümmern sich gemeinsam um die Erziehung der Kinder.

Vielfältige Lebensformen

Die Formen des Zusammenlebens in Deutschland haben sich in den letzten 100 Jahren sehr verändert. Neben der traditionellen Familie mit Vater, Mutter und Kind / Kindern findet man andere Lebensformen, z. B. Ehepaare ohne Kinder, Singles, unverheiratete Paare mit oder ohne Kinder, Alleinerziehende, Wohngemeinschaften.

Familie und Gesellschaft

Nach Artikel 6 im Grundgesetz schützt der Staat die Ehe und die Familie.

Die Familie ist wichtig für

- die Erziehung der Kinder,
- das Funktionieren der demokratischen Gesellschaft
- das Erhalten von Normen und Werten
- die Zukunft der Bundesrepublik.

Wichtig ist die Möglichkeit, Beruf und Familie zu vereinbaren: Mütter oder Väter können z. B. eine dreijährige Elternzeit nehmen. Der Staat unterstützt die Eltern durch Kinder- und Elterngeld.

Die Entwicklung in der Zukunft

die Zahl der Geburten sinkt → weniger Kinder → die Zahl der älteren Menschen steigt → weniger Erwerbstätige → Probleme bei der Finanzierung von sozialen Leistungen

Erziehung und Bildung in Deutschland

Was ist in der Erziehung wichtig?

1 Wie war Ihre Erziehung?

a PA Lesen Sie die Fragen und sprechen Sie zu zweit.

- Wo sind Sie aufgewachsen? Auf dem Land oder in der Stadt?
- Wer hat Sie erzogen?
- Wie war das Verhältnis zu Ihren Eltern?
- Was hat man Ihnen als Kind erlaubt? Was verboten?
- War Erziehung in Ihrem Land früher anders als heute?
- Waren Ihre Eltern tolerant oder eher streng?

b Vergleichen Sie nun Ihre Erziehung mit der Erziehung von Kindern heutzutage. Was hat sich verändert?

c Wie ist die Kindererziehung in Deutschland? Sind deutsche Kinder anders erzogen? Was haben Sie beobachtet? Erzählen Sie.

2 GA Wichtige Erziehungsziele sind in Deutschland vor allem *Engagement, Verantwortung* und *Selbstbestimmung*. Was heißt das konkret? Wie kann man diese Ziele erreichen? Arbeiten Sie in Gruppen. Sammeln Sie Ideen.

Was sollen / können Kinder selbst bestimmen?

Wie kann man Kinder motivieren?

Wie können Kinder Verantwortung lernen? Wofür sollen sie verantwortlich sein?

Welche Rolle spielen Schulbildung und Schulerfolg?

3 Was lernt man in der Schule?

a Lesen Sie die Texte. Welcher Meinung sind Sie?

In der Schule haben mir am meisten Mathe und Physik Spaß gemacht. Wir hatten einen tollen Mathelehrer. Heute bin ich Physiker von Beruf.

Schule? Langweilig! Gelernt habe ich wenig, das meiste mussten wir auswendig lernen. Oft habe ich gar nicht verstanden, warum ich etwas lernen soll. Schule, das waren vor allem meine Freunde. Soziale Kontakte waren das Wichtigste für mich.

Die Schule war am Anfang ein großer Stress für mich. Später habe ich gelernt, meine Zeit zu organisieren und regelmäßig zu arbeiten. Da hat es dann richtig Spaß gemacht. Ich wollte alles wissen und verstehen.

Naja, das, was ich heute noch brauchen kann, sind Fremdsprachen – Englisch und Spanisch. Sonst ist aber nicht viel hängen geblieben.

Ich habe alles Wichtige von meinem Opa gelernt. Mit ihm habe ich viel Zeit verbracht. Er war ein sehr gebildeter Mann, hat viele Bücher gelesen. Ich lese auch sehr gern. Bücher sind wichtiger als die Schule.

b Was haben Sie in Ihrer Schulzeit gelernt? Was brauchen Sie heute noch? Was nicht mehr? Erzählen Sie.

c Was sollen Kinder heute in der Schule lernen? Lesen Sie die Meinungen. Sind Sie einverstanden?

Kinder sollen vor allem richtig Deutsch lernen und auch Fremdsprachen.

Ich finde Toleranz, aber auch Disziplin sehr wichtig!

Ich denke, Geographie ist notwendig – man muss die Welt kennen.

Heute muss man doch lernen, mit Computern umzugehen!

Respekt vor anderen Menschen – das sollen Kinder lernen!

4 Wer ist für die Bildung und den Schulerfolg der Kinder verantwortlich?

a Lesen Sie das Interview mit dem Schulpsychologen Dr. Holl. Was sagt er über den Schulerfolg von Kindern? Was meinen Sie? Wie können Eltern den eigenen Kindern helfen? Wie kann die Schule helfen?

Schulpsychologie: Jedes Kind ist anders

Bildungsmagazin: Wann sind Kinder in der Schule erfolgreich?

Dr. Holl: Kinder sollen vor allem Spaß am Lernen haben. Sie müssen sich in der Schule auch wohl fühlen. Kinder lernen unterschiedlich schnell. Deswegen müssen Eltern und Lehrer geduldig sein und Kinder individuell fördern.

BM: Was beeinflusst das unterschiedliche Lerntempo der Kinder?

Dr. Holl: Es sind viele Faktoren. Aus meiner Erfahrung weiß ich, dass Talent, richtige Lerntechniken und natürlich auch Intelligenz für das Lerntempo und den Lernerfolg wichtig sind. Manche Kinder haben aber auch ernsthafte Probleme mit der Konzentration und Motivation. Es kann auch sein, dass ein Kind eine Schreib- und Leseschwäche hat. Dann sollte ein Schulpsychologe helfen.

BM: Welche Rolle spielt dabei die Schule?

Wie sind die Bildungs- und Berufschancen für Männer und Frauen?

5 Lebenslanges Lernen? Wie lange und wofür sollen Erwachsene lernen?

a Lesen Sie die Überschriften. Vermuten Sie: Was könnte in den Texten stehen?

Lebenslanges Lernen hält fit

Mehr Chancen auf dem Arbeitsmarkt durch Weiterbildung

Persönliche Entwicklung ohne lebenslanges Lernen nicht möglich

Deutschlernen als Schlüssel zur Integration

Am gesellschaftlichen Leben intensiv teilnehmen? – Neues lernen!

b Sie haben intensiv Deutsch gelernt. Tauschen Sie sich über Ihre Erfahrungen aus: Warum waren Sie erfolgreich beim Deutschlernen? Was ist Ihnen schwer gefallen? Welche Vorteile sehen Sie für Ihre berufliche Zukunft?

c Können Sie sich vorstellen, weitere berufliche oder private Kurse zur Weiterbildung oder Ausbildung zu machen? Oder haben Sie vielleicht schon eine ganz konkrete Vorstellung? Welche Möglichkeiten gibt es an Ihrem Wohnort? Erzählen Sie.

6 Gleichberechtigte Bildung: Welche Schulabschlüsse haben Jungen und Mädchen? Wie sind die Berufsperspektiven?

a Sehen Sie sich die Grafik an und lesen Sie den Text. Wie sind die Tendenzen? Was ist positiv? Was ist negativ? Was kann man dagegen machen?

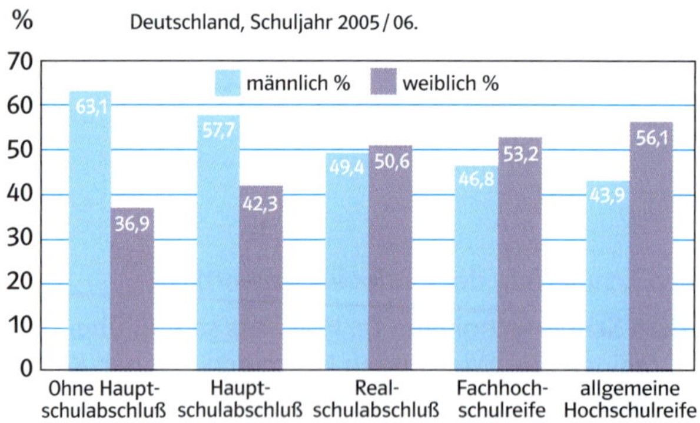

In Gymnasien gibt es mittlerweile mehr Mädchen als Jungen. Auch an den Hochschulen sind mehr als die Hälfte aller Studierenden Frauen. Mädchen sind heute allgemein motivierter als Jungen, qualifizierte schulische Abschlüsse zu machen, und sie schaffen das auch. Jungen sind in der Schule die neuen Problemkinder: Zwei Drittel der Schulabbrecher sind männlich.
Bei der Wahl der Berufe wird aber deutlich, dass sich die traditionelle Berufsstruktur von typischen Männer- und Frauenberufen nur langsam ändert. Obwohl Frauen ein immer besseres Bildungsniveau erreichen, verdienen sie in Deutschland in vielen Berufen deutlich weniger als Männer.

b Vergleichen Sie: Wie sind die Bildungs- und Berufschancen in Ihrem Heimatland?

tipp

7: Bildung und Gleichberechtigung

Beginnen Sie für den Abschlusstest rechtzeitig zu lernen. Wiederholen Sie die Themen regelmäßig und in kleinen Portionen. Die Zusammenfassungen auf den Fit-Seiten und das Glossar helfen Ihnen dabei.

Erziehungsziele nach den Landesverfassungen

Verantwortlich für die Erziehung sind die Eltern, der Staat, die Gemeinden und die Religionsgemeinschaften.

Die wichtigsten Erziehungsziele sind:

- Erziehung zur Demokratie und zur politischen Verantwortung
- Respekt vor anderen Menschen und Kulturen
- Entwicklung der Persönlichkeit und selbstständiges Denken und Handeln
- Verantwortung für Natur und Umwelt

Das Bildungssystem in Deutschland

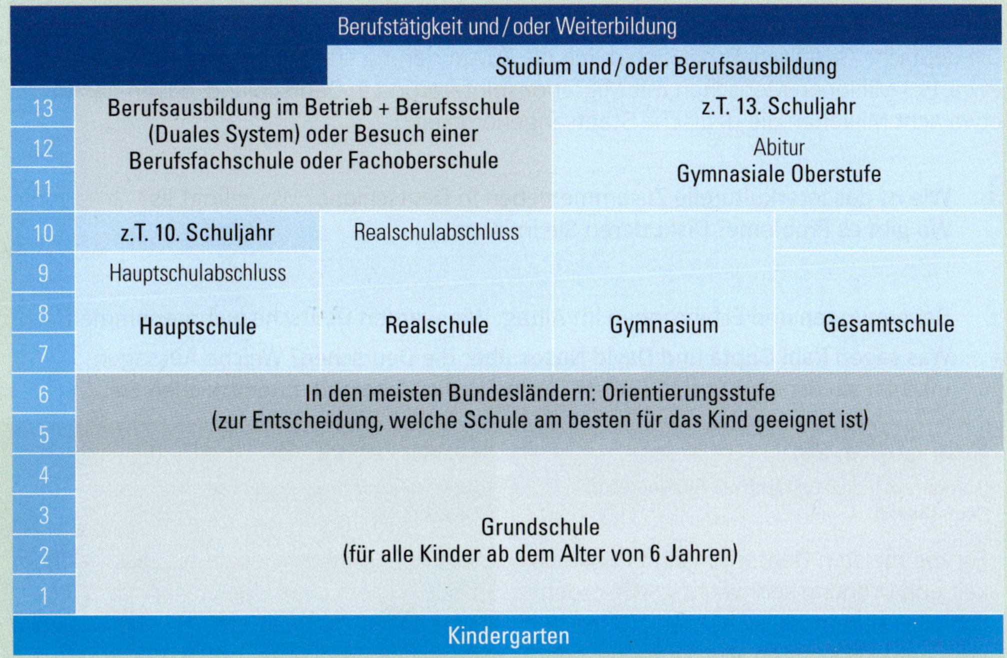

Schulpflicht: Die Schulpflicht dauert neun Jahre, in vier Bundesländern zehn Jahre.
Schularten: In Deutschland gibt es ein dreigliedriges Schulsystem – die Hauptschule, die Realschule und das Gymnasium. Die Gesamtschule ist eine Alternative zu diesem System, hier sind alle drei Schularten an einer Schule vertreten.
Grundschule: Die Grundschule dauert in der Regel vier Jahre, in Berlin und Brandenburg sechs Jahre.
Hauptschule / Realschule: Nach Jahrgangsstufe 9 oder 10 erreicht man den Haupt- oder Realschulabschluss und kann dann eine berufliche Ausbildung machen. Den Hauptschul- und Realschulabschluss kann man auch an Abendschulen und Berufsschulen nachholen.
Gymnasium: Nach Jahrgangsstufe 12 oder 13 kann das Abitur (Allgemeine Hochschulreife) erworben werden. Nach dem Abitur kann man an einer Fachhochschule oder Universität studieren.

Interkulturelles Zusammenleben

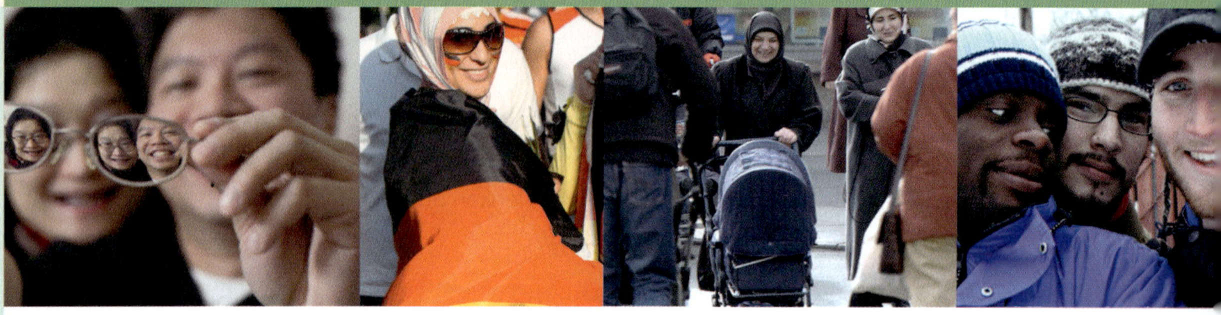

Die deutsche Gesellschaft hat sich durch die Zuwanderung stark verändert. Heute leben etwa 15,3 Millionen Menschen mit Migrationshintergrund in Deutschland, davon haben etwa acht Millionen die deutsche Staatsangehörigkeit.

1 **Wie ist das interkulturelle Zusammenleben in Deutschland? Wo gelingt es? Wo gibt es Probleme? Diskutieren Sie im Kurs.**

2 **Begegnungen und Erfahrungen im Alltag: Wie werden Deutsche wahrgenommen?**

a **Was sagen Rabi Gupta und David Nosek über die Deutschen? Welche Aussagen machen sie dabei über sich selbst? Lesen Sie die Texte und unterstreichen Sie.**

Rabi Gupta, 28:
(kommt aus Indien und lebt seit fünf Jahren in Deutschland)

Für die meisten Deutschen sind Pünktlichkeit und Ordnung sehr wichtig. Wie ordentlich alles sein muss, sieht man z. B. an den gepflegten Vorgärten. Zur Ordnung gehören aber auch die Ruhezeiten. Einmal sollte ich für meine Firma etwas am Wochenende erledigen – es war aber unmöglich! Die Reaktionen meiner Geschäftspartner waren alle gleich: „Nein, das geht nicht. Am Wochenende arbeite ich nicht." Das ist für mich unflexibel. Die Deutschen sind auch sehr direkt, z. B. wenn sie andere kritisieren. Bei uns gehen die Menschen anders miteinander um.

David Nosek, 45:
(kommt aus Tschechien, lebt seit zwanzig Jahren in Deutschland)

Mir fällt immer wieder auf, dass sich in Deutschland viele Menschen für gesellschaftliche Probleme interessieren. Es wird öffentlich und auch privat viel diskutiert und alles aus verschiedenen Perspektiven analysiert. Das passiert in Tschechien immer noch selten. Die Deutschen sind auch kulturell offener als die Tschechen. Das liegt vor allem daran, dass sie sehr viel reisen. Was mir aber immer noch Schwierigkeiten macht: Die Deutschen sind höflich und korrekt, aber sie sind nicht so herzlich und haben weniger Humor.

b **Sehen Sie das auch so? Welche Erfahrungen haben Sie bei Begegnungen mit Deutschen gemacht? Was haben Sie beobachtet? Erzählen Sie.**

Welche Werte, Normen und Regeln gibt es in Deutschland?

3 **Werte, Normen und Regeln sind in jeder Gesellschaft wichtig. Aber was ist ein Wert? Was ist eine Norm? Und was ist eine Regel?**

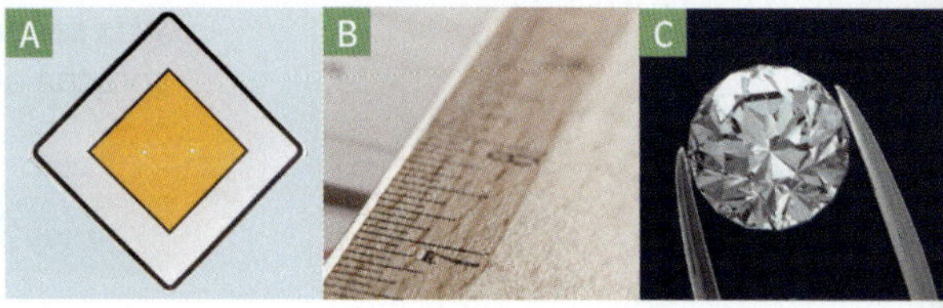

a **Welches Bild könnte zu welchem Begriff passen? Warum? Erklären Sie.**

Wert ☐ Regel ☐ Norm ☐

b **Lesen Sie die Sätze. Was passt? Kreuzen Sie an.**

	Norm	Wert	Regel
1. Zu einer Beerdigung kommt man schwarz / dunkel gekleidet.	☐	☐	☐
2. Wenn man Bus fährt, muss man einen Fahrschein haben.	☐	☐	☐
3. In Deutschland möchten viele frei und unabhängig leben.	☐	☐	☐
4. Meine persönliche Entwicklung ist mir sehr wichtig.	☐	☐	☐
5. Wenn man eingeladen wird, bringt man etwas mit.	☐	☐	☐
6. Auf einem Bahnsteig raucht man nicht.	☐	☐	☐

c GA **Bilden Sie Gruppen. Jede Gruppe übernimmt eine Frage und versucht sie zu beantworten. Präsentieren Sie Ihre Ergebnisse im Kurs.**

1. Warum sind Normen, Regeln und Werte wichtig?
2. Wer macht Regeln und Normen?
3. Wer muss / soll sich an den Werten orientieren, die Normen und Regeln einhalten?
4. Was passiert, wenn man eine Norm verletzt oder eine Regel übertritt?
5. Gibt es Normen, Regeln oder Werte, die allgemein gültig sind?
6. Kann man Normen / Regeln oder Werte verändern?

4 **Sehen Sie sich rechts die Werteskala an. Wie würde so eine Werteskala in Ihrem Land aussehen? Vergleichen Sie: Wo gibt es Gemeinsamkeiten, was ist anders?**

5 **Welche Normen und Regeln gibt es im Alltag? Wo gibt es interkulturelle Unterschiede?**

a **Stellen Sie sich vor: Ihre Bekannten aus Deutschland möchten Sie in Ihrem Heimatland besuchen. Worauf sollten sie besonders achten? Welche Ratschläge würden Sie ihnen geben? Suchen Sie sich 3 – 4 Themen aus und geben Sie dazu Empfehlungen.**

Begrüßung | Einladungen und Besuche | Ordnung und Sauberkeit | Kleidung in der Öffentlichkeit und zu Hause | Geschenke | Rauchen | Ruhezeiten | Alkohol trinken | Höflichkeit

b **Vergleichen Sie nun: Welche Normen und Regeln gelten in Deutschland? Gehen Sie die Themen oben noch einmal durch. Tauschen Sie sich aus.**

Welche Rolle spielt die Zeit?

6 In der deutschen Sprache gibt es viele Sprüche und Redewendungen über die Zeit. Was sagen sie über das Zeitverständnis in Deutschland aus? Gibt es in Ihrer Muttersprache auch solche Zeitsprüche?

Zeit ist Geld.

Wer rastet, der rostet.

Alles zu seiner Zeit.

Was du heute kannst besorgen, das verschiebe nicht auf morgen.

7 Wie unterschiedlich man die Zeit verstehen kann. Welche Rolle spielt Zeit für diese beiden Männer?

a Wie gehen Martin und Paul mit der Zeit um? Welche Unterschiede sehen Sie? Lesen Sie die Texte und unterstreichen Sie.

Für Martin beginnt der Tag um 6.30 Uhr. Pünktlich um 8.00 Uhr ist er im Büro. Er arbeitet an einem Projekt und es gibt viele Aufgaben. Martin konzentriert sich auf die Aufgaben und macht eine nach der anderen. Wenn eine Aufgabe fertig ist, beginnt er mit der nächsten. Um 12.00 gibt es eine Mittagspause. Manchmal möchte Martin mit seinem Kollegen Michael etwas länger sprechen, aber ein Blick auf die Uhr sagt ihm: Die Pause ist zu Ende. Also geht er wieder zurück in sein Büro und arbeitet bis 16.00 Uhr. Auch seine Freizeit plant er. Er ist verheiratet und hat zwei Kinder. Seine Frau und er müssen die Zeit genau einteilen. Es gibt viele Termine: Die Kinder müssen in die Schule, am Nachmittag muss der Sohn pünktlich zum Fußballtraining und die Tochter hat um 17.00 Uhr Klavierunterricht.

Paul arbeitet in der Marketingabteilung. Heute ist in seiner Firma eine Konferenz. Sie soll um 9.00 Uhr beginnen, aber die meisten Mitarbeiter kommen erst etwas später. Paul beeilt sich also auch nicht. Die Konferenz dauert lange. Man weiß nie, wann eine Konferenz endet. Paul interessiert die Diskussion der Ingenieure nicht. Er holt sich also einen Kaffee und schreibt eine wichtige Mail. Paul arbeitet an vielen Projekten gleichzeitig. Oft kommen ihm während der Arbeit Ideen für ein anderes Projekt oder eine andere Aufgabe. Um 14.00 Uhr ist er mit einem Kollegen verabredet. Sie wollen das nächste Projekt besprechen. Beim Mittagessen trifft er aber einen Freund und sie unterhalten sich über ein interessantes Thema. Zu seinem Termin kommt Paul deswegen etwas später. Den Abend verbringt er manchmal auch mit seinen Kollegen.

b Martins Zeitverständnis ist *monochron*, Paul verhält sich dagegen *polychron*. Was vermuten Sie: In welchem Land lebt Martin? Wo lebt Paul? Welche Vor- und Nachteile haben die beiden Zeitsysteme? Könnten Martin und Paul gemeinsam an einem Projekt arbeiten?

c Verhalten Sie sich persönlich eher monochron, also wie Martin, oder polychron wie Paul? Ist das immer so oder nur in bestimmten Situationen? Erzählen Sie.

8 Wie ist es mit der Pünktlichkeit? Wo und wann ist sie wichtig? Lesen Sie die Situationen und vergleichen Sie: Wie ist es in Ihrem Heimatland? Wie ist es in Deutschland?

1. Sie sind mit Bekannten verabredet. Sie kommen 45 Minuten später als vereinbart.
2. Sie sind um 20 Uhr zum Abendessen eingeladen. Sie klingeln Punkt acht an der Tür.
3. Der Deutschkurs beginnt um 9 Uhr. Sie kommen zehn Minuten später.
4. Sie haben ein Vorstellungsgespräch bei einer Firma. Sie kommen eine Stunde früher.

Wie lassen sich interkulturelle Konflikte lösen?

9 **Für ein friedliches Zusammenleben von Menschen aus verschiedenen Kulturen sind Regeln wichtig. Sie sollten von allen beachtet werden. Doch es wird immer wieder Situationen geben, die zu einem Konflikt führen können.**

a GA **Bilden Sie Gruppen. Lesen Sie den Text und überlegen Sie: Wie könnte man hier vermitteln? Wie könnte man das Problem lösen?**

> Ich bin seit drei Jahren mit einem deutschen Mann verheiratet. Wir haben ein kleines Kind und verstehen uns eigentlich ganz gut. Aber neulich gab es wieder einmal großen Streit zwischen uns. Es war kurz vor einem Feiertag und wir beide haben uns auf diesen freien Tag sehr gefreut. In meiner Heimat ist es ganz normal, dass man an solchen Tagen die Familie besucht, und so habe ich es mir auch vorgestellt. Für meinen Mann war das aber eine unangenehme Vorstellung, den ganzen Tag mit meiner Familie zu verbringen. Er wollte, dass wir drei uns einen schönen Tag machen. Ich verstehe das nicht! Er besucht seine Familie selten und möchte eigentlich auch nicht, dass ich so oft meine Familie besuche. Meine Familie – Mutter und Vater, Geschwister, Tanten, Onkel, Cousins und Cousinen – ist mir aber sehr wichtig.

b GA **Spielen Sie die Situation als Beratungsgespräch nach. Eine Person spielt die Frau, eine Person spielt den Mann. Ein oder zwei Personen spielen den/die Berater/in.**

c **Haben Sie auch schon ähnliche Konfliktsituationen erlebt? Erzählen Sie.**

10 **Interkulturelles Zusammenleben: Welche Fähigkeiten helfen? Was ist interkulturelle Kompetenz?**

a **Renate Abdel hat ein Seminar zum Thema „Was gehört zu interkultureller Kompetenz?" besucht. Sie hat sieben wichtige Begriffe notiert. Zu jedem Begriff hat sie eine Erklärung geschrieben. Leider hat sie vergessen, was zusammengehört. Helfen Sie ihr und ordnen Sie die Begriffe den Erklärungen zu.**

~~Empathie~~ | Kenntnis anderer Kulturen | Rollendistanz | Offenheit | Differenzen akzeptieren | flexibles Verhalten | Selbsteinschätzung

1. ______________________
Ich kenne meine eigene Kultur gut. Ich weiß, welche Normen, Regeln, Werte es gibt und woher sie kommen.
2. ______________________
Ich bin in der Lage, meine eigene Kultur mit Distanz zu betrachten. Ich kann mich mit fremden Augen sehen.
3. *Empathie*
Wie fühlen sich Menschen aus anderen Kulturen, z. B. hier in Deutschland? Ich versuche, mich in ihre Situation zu versetzen und sie zu verstehen.
4. ______________________
Es gibt Unterschiede zwischen den Kulturen. Man versteht nicht alles, aber das ist nicht schlimm.
5. ______________________
Es gibt viele verschiedene Kulturen – es gibt auch viele Varianten, wie man Menschen aus anderen Kulturen begegnen kann. Ich passe mein Verhalten an.
6. ______________________
Ich habe mich mit anderen Kulturen beschäftigt und kenne Gemeinsamkeiten und Unterschiede zu meiner Kultur.
7. ______________________
Gegenüber Menschen aus anderen Ländern und Kulturen sollte man offen sein. Man sollte auch versuchen, über Missverständnisse und Probleme zu sprechen.

b **Welche dieser Fähigkeiten finden Sie am wichtigsten. Diskutieren Sie im Kurs.**

11 Werte, Normen, Regeln und interkulturelle Kompetenz spielen eine sehr wichtige Rolle bei Zuwanderung und dem Integrationsprozess. Aber wie geht man damit um?

a Lesen Sie die drei Meinungen zum Thema Integration. Was sagen Marek, Tomoko und Cristina dazu?

Marek: Ich möchte gut Deutsch sprechen, aber ich möchte auch, dass meine Kinder sich mit meinen Eltern und der Verwandtschaft verständigen können und unsere Sprache sprechen. Aber sie haben hier die Schule besucht, haben deutsche Freunde und machen hier eine Ausbildung, damit sie Chancen im Berufsleben haben. Für mich ist es klar, dass wir in Deutschland bleiben werden.

Tomoko: Ich habe meine Kindheit in Deutschland verbracht und hier die Schule besucht. Ich möchte eine gute Ausbildung haben und träume von einer eigenen Firma. Integration heißt für mich, dass ich versuche, mich mit der deutschen Kultur zu arrangieren. Aber ich trage zwei Nationalitäten in mir und es geht mir auf die Nerven, immer als Ausländerin betrachtet zu werden und als Bürgerin zweiter Klasse.

Cristina: Ich lebe schon seit 20 Jahren in Deutschland. Ich habe Arbeit und mir und meiner Familie geht es gut. Wir haben hier viele Freunde, alles Landsleute. Ich werde meine Kultur nie aufgeben und habe auch meine Kinder so erzogen. Wir haben oft überlegt, in unser Heimatland zurückzukehren. Aber die Kinder sind schon bald erwachsen und wollen nicht. Die deutsche Kultur ist anders. Deswegen wird sie mir immer fremd bleiben.

b Arbeiten Sie in Gruppen: Was bedeutet Integration? Was gehört dazu, was nicht? Was wünschen Sie sich von den Deutschen und dem deutschen Staat?

c Was bedeutet für Sie Integration? Was möchten Sie für sich und Ihre Kinder erreichen?

12 Wie verändern sich Kulturen?

a Auf welche Weise verändert sich Kultur? In welcher Zeit? Welches Bild passt Ihrer Meinung nach am besten zu dieser Frage? Warum? Erklären Sie.

b Welche Erfahrungen haben Sie selbst mit kulturellen Veränderungen? Lesen Sie zunächst die Aussage. Stimmen Sie zu? Was ändert sich schnell? Was ändert sich Ihrer Meinung nach eher langsam? Sprechen Sie im Kurs.

In meiner Stadt leben sehr viele Menschen mit verschiedenen sozialen, kulturellen und religiösen Hintergründen zusammen. Der kulturelle Wandel war hier schon immer stark zu spüren. Die Stadt hat dadurch einen sehr dynamischen Charakter, sie verändert sich ständig. Man sieht das z. B. am Essen, an der Kleidung, an der Architektur, aber auch an der Sprache. Das beeinflusst mich selbst natürlich auch.

c Wo werden in diesem Buch kulturelle Veränderungen in Deutschland beschrieben? Blättern Sie im Buch und sammeln Sie im Kurs.

Interkulturelle Kompetenz

Dazu gehören bestimmte Fähigkeiten: Man ist interkulturell kompetent, wenn man

- die eigene Kultur gut kennt.
- sich selbst und die eigene Kultur aber auch mit fremden Augen sehen kann.
- über andere Kulturen etwas weiß.
- sich in die Situation von Menschen aus anderen Kulturen hineinversetzen kann.
- Unterschiede akzeptiert.
- sich nicht immer gleich verhält, sondern flexibel reagiert.
- fremden Kulturen und Menschen offen und ohne Angst begegnet.

Interkulturelle Kommunikation

Problematisch an der Kommunikation zwischen Kulturen:

Ein unterschiedliches Verständnis von Normen, Regeln und Werten.

Was hilft?

Die gegenseitige Kenntnis von Normen, Regeln und Werten erleichtert die Kommunikation. Sie ist für das friedliche Zusammenleben notwendig.

Kulturelle Orientierung in Deutschland

Zeitverständnis

Zeitplanung und Pünktlichkeit sind in Deutschland sehr wichtig und auch üblich. Pünktlichkeit wird z. B. bei Einladungen oder geschäftlichen Terminen sehr geschätzt.

Ruhezeiten

Während dieser Zeiten dürfen andere durch laute Aktivitäten nicht gestört werden. Die Mittagsruhe ist in der Regel von 13 bis 15 Uhr (aber z. B. in Großstädten oft nicht mehr üblich), die Nachtruhe in der Regel zwischen 22 und 6 Uhr. Ein besonderer Ruhetag ist der Sonntag.

Geschenke

Kleinere Geschenke – z. B. Blumen oder eine Flasche Wein – übergibt man bei Einladungen und Besuchen. Zu Geburtstagen oder an Weihnachten werden Familienmitglieder, Freunde oder manchmal auch Bekannte oder Arbeitskollegen beschenkt. Außerdem sind Geschenke an besonderen Tagen üblich, z. B. an einem Hochzeitstag.

Ordnung und Sauberkeit

In jeder Stadt / Kommune sorgt das Ordnungsamt für öffentliche Ordnung und kümmert sich um viele Bereiche des alltäglichen Lebens: Hier kann man z. B. ein Gewerbe anmelden, den Führerschein beantragen, ein neues Kraftfahrzeug (Auto, Motorrad o.ä.) anmelden. Das Amt überwacht und kontrolliert die Einhaltung von Ruhezeiten und auch die Verkehrssituation in einer Stadt. Das Ordnungsamt kann helfen und beraten, wenn man sich z. B. über den Müll oder die Hunde auf dem Kinderspielplatz ärgert.

Religiöse Vielfalt

A Buddhismus

B Christentum

C Hinduismus

D Islam

E Judentum

A

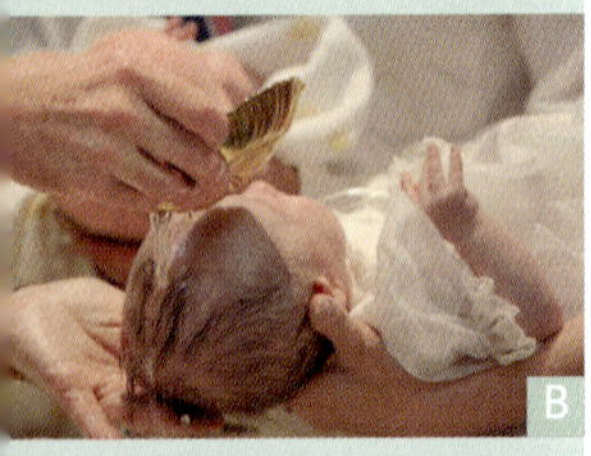
B

C

D

E

1 Wie viele Menschen welcher Religionsgemeinschaften leben in Deutschland? Was schätzen Sie?

a Ordnen Sie die Bilder oben den Zahlenangaben zu.

- ☐ ca. 53 Millionen
- ☐ ca. 100 000
- ☐ ca. 245 000
- ☐ ca. 3,3 Millionen
- ☐ ca. 200 000

b Welche Konfessionen gibt es im Christentum?

c Welche Religionen und Konfessionen gibt es in Ihrem Land? Tauschen Sie sich im Kurs aus.

2 Welche Merkmale haben die verschiedenen Religionen?

a Jede Religion hat bestimmte Symbole, Feste, Rituale und Bräuche. Im Christentum gibt es z. B. folgende. Ordnen Sie die Bilder den Beschreibungen zu.

1. ☐ Sie lädt die Gemeinde zum Gottesdienst ein und informiert manchmal auch über die Uhrzeit.
2. ☐ Das wichtigste Symbol der christlichen Religion. Es erinnert an die Kreuzigung Jesu. In westlichen Kulturen ist es auch ein Zeichen für den Tod.
3. ☐ Das Fest der Freude und Liebe erinnert an die Geburt von Jesus. In der Familie, unter Freuden und Bekannten werden Geschenke verteilt.
4. ☐ Meistens Kinder, aber auch Erwachsene werden in die Gemeinschaft der Kirche aufgenommen. Die Familie und Taufpaten versammeln sich in der Kirche. Auch eine Kerze als Symbol des Glaubens gehört meistens zu diesem Ritual.
5. ☐ Jugendliche treffen sich regelmäßig und verbringen gemeinsam ihre Freizeit. Man diskutiert dabei über religiöse Fragen und Texte aus der Bibel.

b Weihnachten und Ostern sind die wichtigsten christlichen Festtage in Deutschland. Wie feiern Ihre deutschen Freunde, Bekannten und Nachbarn diese Feiertage? Feiern Sie sie auch?

c Welche religiösen Symbole, Feste, Rituale und Bräuche sind Ihnen wichtig? Beschreiben und erzählen Sie.

Welche Bedeutung hat Religion?

3 Wie zeigt sich Religion im Alltag?

a Lesen Sie die Fragen und sprechen Sie im Kurs.

In jeder Gesellschaft ein sehR wichtiges Element der Geschichte und Kultur?

Die Basis dEr Werte?

Bestimmt unser VerhaLten?

Im Alltag nIcht immer sichtbar?

Viele Ratschläge für ein Gutes Leben?

Es gibt vIele Regeln?

Ein bestimmter Ort?

Alles hat seiNen Sinn?

b Welche Rolle spielt Religion in Ihrem Alltag? Welche religiösen Werte gibt es? Welche Ratschläge und Regeln? Erzählen Sie.

4 Wie ist das Verhältnis von Staat und Kirche? Lesen Sie den Text und die Sätze. Was trifft zu?

i

Deutschland ist ein Land mit christlicher Tradition. Staat und Kirche sind getrennt, sie arbeiten jedoch in vielen Bereichen zusammen: Die Kirchensteuer wird z.B. für Katholiken und Protestanten wie die Lohnsteuer vom Lohn oder Gehalt abgezogen. Oder es gibt Religionsunterricht an den staatlichen Schulen und die Lehrer haben dafür eine staatliche Ausbildung.
Für Kinder, die nicht am Religionsunterricht teilnehmen wollen, gibt es den Ethikunterricht. In der Zukunft könnte auch Islamunterricht an den Schulen eingerichtet werden. Die Kirchen sind auch Träger von Kindergärten, Krankenhäusern, Altersheimen und anderen sozialen Einrichtungen, die allen offen stehen. Der Staat muss die Religionsfreiheit beachten und darf nicht über die Kirche inhaltlich bestimmen.

	richtig	falsch
1. Kirche und Staat sind in Deutschland getrennt, aber die katholische und die evangelische Kirche spielen eine besondere Rolle.	☐	☐
2. Alle Kinder an deutschen Schulen müssen den christlichen Religionsunterricht besuchen.	☐	☐
3. Wenn man Mitglied einer christlichen Kirche ist, dann muss man Kirchensteuer bezahlen.	☐	☐
4. Es gibt viele christliche Kindergärten.	☐	☐
5. Kinder mit einer anderen Religion dürfen nicht in die christlichen Kindergärten.	☐	☐

Was ist für das Zusammenleben der Religionen in Deutschland grundlegend?

Jeder kann sich frei für eine Religion entscheiden – es ist das Prinzip der Religionsfreiheit. Dieses wichtige Prinzip findet man auch im Grundgesetz. Es basiert auf dem Grundsatz der Toleranz.

5 In Artikel 4 zur Glaubens- und Bekenntnisfreiheit spielen die Wörter *Glaube*, *Gewissen* und *Bekenntnis* eine wichtige Rolle.

a Was bedeuten die Wörter? Tauschen Sie sich aus.

b Lesen Sie nun den Grundgesetz-Artikel. Kreuzen Sie die richtigen Sätze an.

Modul 1, Grundrechte, S. 18

Artikel 4

(1) Die Freiheit des Glaubens, des Gewissens und die Freiheit des religiösen und weltanschaulichen Bekenntnisses sind unverletzlich.
(2) Die ungestörte Religionsausübung wird gewährleistet, soweit im Zusammenhang mit der Religionsausübung weder Menschen noch Tiere gequält, verletzt, verstümmelt oder getötet werden.
(3) Niemand darf gegen sein Gewissen zum Kriegsdienst mit der Waffe gezwungen werden.

1. Man darf eine andere Religion nicht beschimpfen oder sich über den Glauben einer anderen Person lustig machen. ☐
2. In Deutschland müssen alle Menschen einer bestimmten Religion angehören. ☐
3. Wer in Deutschland lebt, darf seine Religion frei wählen oder auch keine Religion haben. ☐
4. Jeder, der in Deutschland lebt, muss zum Militärdienst. ☐

6 Jeder hat das Recht auf religiöse Freiheit, trotzdem können Probleme oder Konflikte entstehen.

a Lesen Sie die Texte. Welche religiösen Konflikte gibt es hier?

Gebete nur in der offiziellen Arbeitspause
Arbeitnehmer dürfen während der Arbeitszeit nur mit der Erlaubnis des Arbeitgebers eine extra Pause für ein Gebet machen. Das hat das Landesarbeitsgericht in

Kruzifixurteil:
Nicht in jedem Klassenzimmer in Bayern muss ein Kreuz hängen. Denn das verletzt die Religions- und Glaubensfreiheit. Nach Art. 4 GG

Wie hoch dürfen Minarette sein?
In einem Münchner Stadtteil ist eine Moschee mit zwei 41 Meter hohen Minaretten geplant. Eine Bürgerinitiative kämpft gegen den Bau mit dem Argument, dass

b Was ist im Zusammenleben von Menschen verschiedener Religionen wichtig? Sammeln Sie Vorschläge.

8: Religion und Zusammenleben von Menschen verschiedenen Glaubens

Vielfalt der Religionen

In Deutschland gibt es eine große Vielfalt von Religionen und Konfessionen. Denn jede Religion hat in verschiedenen Ländern und Kulturen verschiedene Glaubensrichtungen.

- **Christentum:** Gott als Schöpfer zeigte sich den Menschen durch Jesus Christus. | Das Leben von Jesus ist in der Bibel beschrieben | Der wöchentliche Feiertag ist der Sonntag. | Viele Gläubige besuchen an diesem Tag die Kirche.

- **Islam:** Ein Gott – Allah – ist der Schöpfer der Welt. | Die Moschee ist der Versammlungsort der Muslime. | Der Islam gründet auf dem Koran. Durch den Propheten Mohammed erreicht Gottes Wort die Menschheit. | Der Ramadan ist der islamische Fastenmonat.

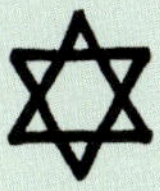

- **Judentum:** Ein Gott als Schöpfer der Welt. | Das Judentum basiert auf den religiösen Überlieferungen des jüdischen Volkes: der Thora (die schriftliche Lehre) und dem Talmud (die mündliche Lehre). | Jüdische Gemeinden werden von einem Rabbiner vertreten. | Der wöchentliche Feiertag ist der Shabbat (von Freitag- bis Samstagabend).

- **Buddhismus:** Der Buddhismus wurde als religiös-philosophisches System von Buddha im nordöstlichen Indien gegründet. | Es gibt viele verschiedene Gottheiten. | Das Hauptprinzip ist: Tue, denke und sage nichts, was dir und anderen schadet, konzentriere dich auf Positives, am Ende kommt die Erleuchtung.

- **Hinduismus:** Mit Hinduismus bezeichnet man verschiedene Religionen. Sie basieren auf verschiedenen Traditionen. | Es ist keine verbindliche Lehre. | Götter sind z. B. Vishnu und Shiva, daneben werden aber auch Bäume, Schlangen und Steine verehrt. | Viele Hindus glauben, dass ein Bad an einer heiligen Stätte von allen Sünden reinigt.

Trennung von Staat und Kirche

Staat und Kirche sind getrennt, aber sie tauschen sich aus und arbeiten zusammen. | Die Kirchen spielen im gesellschaftlichen Leben eine wichtige Rolle – vor allem im sozialen Bereich. | In den staatlichen Schulen gibt es Religionsunterricht oder alternativ Ethik-Unterricht. | Die Mitglieder der katholischen und der evangelischen Kirche zahlen Kirchensteuer.

Toleranz und Religionsfreiheit

Beide Prinzipien bilden die Basis für das Zusammenleben verschiedener Religionen in Deutschland. | Die Überzeugungen anderer Menschen müssen geachtet und respektiert werden. | Jeder kann sich frei für eine oder keine Religion entscheiden. | Das Prinzip der Religionsfreiheit steht im Grundgesetz in Artikel 4.

Orientierungskurs – Abschluss

1 Zukunftsperspektiven: Wie geht es weiter?

a Welche Integrationsangebote können Sie und Ihre Familie noch nutzen? Was gibt es in Ihrer Stadt / Gemeinde? Wo finden Sie Adressen und Kontakte? Sammeln Sie im Kurs.

b Der folgende Text lädt Zuwanderer dazu ein, sich einbürgern zu lassen. Welche Vorteile werden genannt?

Liebe Leserin, lieber Leser,

Sie leben lange in Deutschland, oder Sie sind als Kind ausländischer Eltern schon hier geboren. Sie fühlen sich in Deutschland zu Hause, Sie gehören dazu, Sie sind ein Teil unserer Gesellschaft – aber Sie haben noch keinen deutschen Pass? (...)

Durch die Einbürgerung werden Sie gleichberechtigte Bürgerin oder gleichberechtigter Bürger unseres Landes mit allen Rechten und Pflichten als Staatsbürger. (...) Sie gehören dann auch zur Europäischen Union, genießen Freizügigkeit in Europa und können auch außerhalb unseres Kontinents ohne Visum in viele Länder reisen. (...)

Deutschland braucht Sie. Unser Land lebt von der Vielfalt seiner Menschen. Ihr Engagement und ihre Bereitschaft, sich aktiv in die Gesellschaft einzubringen, entscheiden mit über die Zukunft unserer gemeinsamen Heimat.

Herzlichst
Ihre Maria Böhmer
Staatsministerin bei der Bundeskanzlerin
Beauftragte der Bundesregierung für Migration, Flüchtlinge und Integration

@ www.einbuergerung.de

c Was spricht für Sie persönlich für die Einbürgerung, was dagegen? Sprechen Sie im Kurs.

2 Fit für Deutschland?

a PA Nehmen Sie sich Zeit: Denken Sie über Ihr Wissen nach. Arbeiten Sie zu zweit. Beantworten Sie die Fragen.

Was haben Sie gelernt?
Woran können Sie sich besonders gut erinnern?
Was hat Ihnen Spaß gemacht?
Wo sind Sie noch unsicher?
Wer kann Ihnen helfen, wen können Sie fragen?
Wo finden Sie Informationen?
Welche Lernstrategien sind sinnvoll?

b Was ist noch unklar? Notieren Sie Ihre Fragen. Tauschen Sie sich im Kurs aus.

3 Fit für den Abschlusstest? Wie können Sie sich vorbereiten?

a Der Test ist ein Multiple-Choice-Test. Sie haben als Vorgabe eine Frage oder einen Satz und vier Antworten. Sie müssen die richtige Antwort ankreuzen. Wie sollten Sie vorgehen? Ergänzen Sie die Sätze.

richtige | alles | selbst | vier | zum Schluss | ~~genau~~ | weiter

1. Lesen Sie sich die Fragestellung _genau_______ durch.
2. Versuchen Sie zuerst die Frage __________ zu beantworten.
3. Lesen Sie dann die __________ Antworten durch.
4. Entscheiden Sie sich für die __________ Antwort.
5. Machen Sie __________, wenn Sie mit einer Aufgabe Probleme haben. Beantworten Sie sie später.
6. Bearbeiten Sie __________. Lassen Sie keine Aufgabe unbeantwortet.
7. Überprüfen Sie __________ noch einmal Ihre Antworten.

b GA Nutzen Sie den Kurs für die gemeinsame Testvorbereitung. Machen Sie ein Quiz: Bilden Sie drei Gruppen, zu jedem Modul eine. Überlegen Sie sich zehn passende Fragen zu den Themen in Ihrem Modul. Die Fit-Seiten und das Glossar helfen Ihnen. Fragen Sie dann abwechselnd die beiden anderen Gruppen. Für die Antworten gibt es jeweils eine Minute Zeit.

4 Zum Abschluss: Wie hat Ihnen der Integrationskurs insgesamt gefallen? Wie der Sprachkurs? Wie der Orientierungskurs?

a Kreuzen Sie an.

		sehr gut	gut	neutral	weniger gut	schlecht
Den Sprachkurs	fand ich	☐	☐	☐	☐	☐
Den Orientierungskurs	fand ich	☐	☐	☐	☐	☐
Das Politikmodul	fand ich	☐	☐	☐	☐	☐
Das Geschichtsmodul	fand ich	☐	☐	☐	☐	☐
Das Kulturmodul	fand ich	☐	☐	☐	☐	☐
45 Stunden Deutschland	fand ich	☐	☐	☐	☐	☐
Die Gruppe	fand ich	☐	☐	☐	☐	☐
Die Atmosphäre im Kurs	fand ich	☐	☐	☐	☐	☐

b GA Bilden Sie nun Gruppen. Fassen Sie Ihre Bewertungen zusammen: Was war eher negativ? Was war positiv? Sprechen Sie dann im Kurs darüber.

Glossar Modul 1: Politik in der Demokratie

Ausländerbeirat: Vereinigung von ausländischen Einwohnern einer Gemeinde. Die Ausländerbeiräte setzen sich für die Interessen von Zuwanderern ein. S. 38

Bund: Strukturen, Regierung und Verwaltung, die für den gesamten Bundesstaat zuständig sind. S. 11

Bundesland: Teil eines Bundesstaates, in vielen politischen Bereichen unabhängig. S. 11

Bundespräsident/in: gewähltes Staatsoberhaupt Deutschlands mit repräsentativen Aufgaben. S. 11/13

Bundesrat: Vertretung der Bundesländer auf Bundesebene. S. 22

Bundesregierung: der Bundeskanzler / die Bundeskanzlerin und seine / ihre Ministern. S. 22

Bundesrepublik: Deutschland ist eine parlamentarisch-demokratische Republik und setzt sich aus einzelnen Bundesländern zusammen. S. 11

Bundesstaat: Die Bundesrepublik Deutschland ist ein Bundesstaat. Sie besteht aus 16 weitgehend selbstständigen Bundesländern. Diese haben eigene Regierungen und Hauptstädte. S. 11

Bundestag: Parlament/Volksvertretung der Bundesrepublik Deutschland. Die Abgeordneten des Bundestags werden direkt gewählt und vertreten die Interessen der Bevölkerung. S. 22

Bundesverfassungsgericht: oberstes Gericht in Deutschland und Hüter des Grundgesetzes. S. 22

Bürger/innen: 1. Einwohner eines Ortes, eines Landes 2. Angehörige eines Staates (Staatsbürger). S. 12

Bürgerinitiative: eine Gruppe von Bürgern und Bürgerinnen setzt sich für oder gegen eine Sache ein. S. 38

Demokratie: politisches System. Das Volk legitimiert die Regierung durch regelmäßige Wahlen. S. 12

Föderalismus: die Regierungsaufgaben sind zwischen Bund und Ländern verteilt. S. 11

Freiheitliche demokratische Grundordnung: Grundordnung nach den Prinzipien: Jeder Mensch ist frei, das Volk hat die Macht. S. 12

Fürsorgepflicht: Der Staat kümmert sich um die Bürger und hilft Menschen finanziell, wenn sie sich in Not befinden und sich nicht selbst helfen können. S. 14/28

Gewaltenteilung: Die Staatsgewalt ist aufgeteilt. Es gibt die Gesetzgebung, die vollziehende Gewalt und die Rechtsprechung (Legislative, Exekutive, Judikative). S. 13

Grundgesetz: Verfassung Deutschlands, rechtliche und politische Grundordnung der Bundesrepublik Deutschland. S. 16

Grundrechte: Artikel 1–19 des Grundgesetzes. Sie regeln das Verhältnis zwischen Bürger und Staatsmacht. S. 17

Kommune: Stadt oder Gemeinde. S. 11

Mehrheitsprinzip: Prinzip für demokratische Wahlen. Die Mehrheit entscheidet. S. 36

Menschenrechte: persönliche Rechte, die jedem Menschen auf der Welt zustehen. Dazu gehören das Recht auf Leben, auf persönliche Freiheit und Sicherheit sowie das Recht auf freie Meinungsäußerung und Religionsfreiheit. S. 17

Nationalhymne: das Lied eines Landes, das bei offiziellen Anlässen gesungen wird. S. 26

Parlament: Volksvertreter, die vom Volk gewählt wurden. Sie machen die Gesetze. In Deutschland heißt das Parlament Bundestag. S. 23

Partei: Zusammenschluss einer politischen Gruppe mit gleichen oder ähnlichen politischen Interessen und Zielen. S. 24

Rechtsordnung: alle Gesetze und Verordnungen, die in einem Staat gelten. S. 13

Rechtsstaat: Staat, der Rechtsgleichheit und Rechtssicherheit garantiert. Die Staatsgewalt liegt nicht bei einer Person oder Institution. S. 13

Sozialstaat: Staat, der mit Gesetzen für soziale Gerechtigkeit und das Wohl der Bürger sorgt. S. 14

Staat: Gebiet, in dem viele Menschen leben und für das die gleiche politische Ordnung gilt. S. 10

Staatssymbol: Symbol, das einen Staat repräsentiert, z.B. das Staatswappen, die Flagge oder die Nationalhymne. In Deutschland zählen dazu auch der 3. Oktober und die Hauptstadt Berlin. S. 25

Strukturprinzipien des Staates: Prinzipien, nach denen ein Staat organisiert ist. In der Bundesrepublik Deutschland sind das Demokratie, Bundesstaatlichkeit, Rechtsstaatlichkeit und Sozialstaatlichkeit. S. 15

Toleranzprinzip: das Prinzip andere Meinungen, Lebensweisen etc. zu achten. Basis für die Grundrechte. S. 19

Verfassung: die Grundordnung eines Staates. Sie ist schriftlich festgelegt. Die Verfassung der Bundesrepublik Deutschland ist das Grundgesetz. S. 16/51

Verfassungsorgane: Staatsorgane, die den Staat leiten und organisieren. Ihre Funktion und Aufgaben sind im Grundgesetz beschrieben. S. 22

Volk: Einwohner eines Landes. S. 12

Volkssouveränität: Das Volk ist Träger der Staatsgewalt. Dieses Prinzip ist in Art. 20,2 GG festgeschrieben. S. 12

Wahlrechtsgrundsätze: Für Wahlen in Deutschland gibt es fünf Prinzipien: Die Wahlen sind allgemein, unmittelbar, frei, gleich und geheim. S. 34

Wahlsystem: System, nach dem die Wahlen organisiert sind. In Deutschland ist es eine Kombination von Mehrheitswahl (Wahl eines Kandidaten aus dem Wahlkreis) und Verhältniswahl (Wahl der Partei). S. 36

Glossar Modul 2: Geschichte und Verantwortung

Alliierte Besatzung: die Siegermächte des Zweiten Weltkriegs: die USA, die Sowjetunion, Großbritannien und Frankreich. Sie regierten in Deutschland nach der Befreiung vom Nationalsozialismus. S. 51

Berliner Mauer: die Mauer zwischen Ost- und Westberlin. Die DDR-Regierung ließ sie 1961 bauen, um die Flucht von DDR-Bürgern in die Bundesrepublik Deutschland zu verhindern. S. 52

Bundesrepublik Deutschland: Die Bundesrepublik Deutschland wurde am 23. Mai 1949 gegründet. Sie entstand aus den westlichen Besatzungszonen. S. 51

DDR: Abkürzung für „Deutsche Demokratische Republik". Sie wurde am 7. Oktober 1949 gegründet. Die DDR entstand aus der östlichen Besatzungszone und bestand bis zur Wiedervereinigung Deutschlands 1990. S. 52

Deutsche Einheit: staatliche Einheit Deutschlands. Sie existiert seit der Wiedervereinigung der beiden deutschen Staaten am 3. Oktober 1990. S. 54

Diktatur: undemokratische Regierungsform. Ein Einzelner oder eine Gruppe herrscht. Es gibt keine Kontrolle durch das Parlament und keine unabhängige Justiz. S. 44/45

Europäische Integration: Zusammenschluss von europäischen Staaten, v. a. in der Europäischen Union. Seit 2007 hat die EU 27 Mitgliedsstaaten. S. 56

Holocaust: Völkermord an den Juden Europas in der Zeit des Nationalsozialismus. Sechs Millionen Juden wurden von den Nationalsozialisten ermordet. S. 46

Innere Einheit: Einheit der Menschen im wiedervereinigten Deutschland. Im Gegensatz zur staatlichen Einheit schwerer zu erreichen, weil die Menschen fast 40 Jahre lang in zwei verschiedenen politischen und wirtschaftlichen Systemen gelebt haben. S. 55

Kalter Krieg: ein Krieg, der mit allen Mitteln, jedoch nicht offen mit Waffen ausgetragen wird. Bezeichnung für den Ost-West-Konflikt nach dem Zweiten Weltkrieg. Die Staaten des Westens und die Staaten Osteuropas standen sich feindlich gegenüber. S. 51

Kapitulation: das Aufgeben der deutschen Truppen am 8. Mai 1945. Mit der deutschen Kapitulation endete der Zweite Weltkrieg in Europa. S. 47/49

„Machtergreifung": Die NSDAP wurde 1933 demokratisch gewählt. Hitler schaltete aber bald das Parlament und die unabhängige Justiz als demokratische Staatsorgane aus. Dadurch machte er aus Deutschland eine Diktatur. S. 49/45

Nationalsozialismus: Extrem nationalistische und rassistische Ideologie in Deutschland in der ersten Hälfte des 20. Jahrhunderts. Von 1933 bis 1945 war Deutschland ein nationalsozialistischer Staat. S. 45

Politische Verfolgung: Menschen werden wegen ihrer politischen Überzeugung verfolgt, durch den Staat, seine Organe oder durch andere Menschen. S. 45

Vertreibung: Menschen müssen ihr Heimatland verlassen. S. 47/49

Widerstand: In der Zeit von 1933 bis 1945: Opposition gegen die nationalsozialistische Diktatur bzw. gegen den Diktator Hitler. S. 48

Wiederaufbau: Nach dem Zweiten Weltkrieg mussten in Deutschland der Staat und die Wirtschaft neu aufgebaut werden. S. 51

Wiedervereinigung: Am 3. Oktober 1990 wurde aus der DDR und der Bundesrepublik Deutschland *ein* Staat. S. 54

Zweiter Weltkrieg: begann mit dem deutschen Angriff auf Polen. Er dauerte von 1939 bis 1945. S. 47

Glossar Modul 3: Mensch und Gesellschaft

Antidiskriminierungsgebot: Niemand darf aufgrund des Geschlechts, der ethnischen Herkunft, der Religion oder Weltanschauung, einer Behinderung, des Alters oder der sexuellen Orientierung diskriminiert werden (Art. 3,3 GG). S. 61

Bevölkerungsentwicklung: Die Zahl der Menschen in einem Land verändert sich, sie nimmt zu oder ab. Dabei spielen die Zahl der Geburten, die Lebenserwartung und die Zahl der Todesfälle eine entscheidende Rolle. Zuwanderung und Abwanderung sind weitere Faktoren. S. 64

Christentum: weltweit und auch in Deutschland die größte Religion. In Deutschland leben etwa 53 Millionen Christen. S. 76/79

Emanzipation: steht ganz allgemein für die Befreiung des Menschen. Die Emanzipation der Frauen bedeutet, dass Frauen sich die gleichen Rechte und Freiheiten wie Männer erkämpfen. S. 61

Glaubens- und Bekenntnisfreiheit: Jeder in Deutschland darf seinen Glauben frei wählen, sich dazu bekennen und nach seinen Überzeugungen leben. Die Glaubensfreiheit ist ein Grund- und Menschenrecht (Art. 4 GG). S. 78

Gleichberechtigung: Alle Menschen in Deutschland haben grundsätzlich die gleichen Rechte und möglichkeiten bei der Ausbildung, auf dem Arbeitsmarkt und in allen anderen gesellschaftlichen Bereichen. Frauen und Männer sind in Deutschland gleichberechtigt (Art. 3 GG). S. 63

Integrationsprozess: der Prozess, sich in einer neuen Umgebung einzuleben und am gesellschaftlichen Leben teilzunehmen. Kenntnisse der Sprache, Werte, Normen und Regeln eines Landes sind dabei hilfreich. S. 74

Interkulturelle Kompetenz: verschiedene Fähigkeiten, die man benötigt, um mit Menschen, die einen anderen kulturellen Hintergrund haben, erfolgreich zu kommunizieren. S. 73

Islam: die zweitgrößte Religion der Welt. In Deutschland leben etwa 3,3 Millionen Muslime. S. 76/79

Judentum: Religion der Juden, bezeichnet aber auch Kultur, Geschichte und Tradition des jüdischen Volkes. S. 76/79

Konfession: heute allgemein die Religionszugehörigkeit. Innerhalb einer Religion sind Konfessionen die verschiedenen Gruppen dieser Religion: z.B. im Christentum die katholische, evangelische oder die orthodoxe Kirche. S. 76

Konflikt: Auseinandersetzung, Streit zwischen zwei oder mehreren Personen. Man kann aber auch mit dem Gesetz in Konflikt geraten. S. 73

Kultureller Wandel: Alle Kulturen verändern (wandeln) sich mit der Zeit. Die wichtigsten Gründe für solche Veränderungen sind z.B. politische oder soziale Veränderungen, der Einfluss anderer Kulturen und Migration. S. 74

Lebensgemeinschaft: Art und Weise, wie Menschen zusammenleben und ihr Leben teilen. In Deutschland gibt es vielfältige Lebensformen. S. 60/65

Migration: Mobilität einzelner Menschen oder Bevölkerungsgruppen. Menschen verlassen ihre Heimatländer, um in anderen Ländern zu arbeiten und zu leben. S. 70

Religion: Glaube an einen Gott, mehrere Gottheiten und / oder eine überirdische Macht. Zu den Weltreligionen zählen das Christentum, der Islam, der Hinduismus, der Buddhismus und das Judentum. S. 76

Toleranz: Toleranz bedeutet, dass man andere respektiert und ihre Meinungen und Lebensweisen akzeptiert. S. 61

Transkriptionen

Track 1 Demokratie und Gewaltenteilung

Reporterin Hallo und guten Tag! Mein Name ist Ayşe Çakir und ich möchte Sie dazu einladen, mit mir auf eine Entdeckungsreise durch Deutschland zu gehen. Auf dieser CD geht es um Politik, Geschichte und Kultur. Sie hören verschiedene Beiträge mit Interviews, Hintergrundinformationen, Beobachtungen und Erklärungen. In unserem ersten Beitrag geht es gleich um ein zentrales Thema. Um die Demokratie.

Mutter Na, wie war's denn heute in der Schule? Habt ihr was Neues gelernt?

Junge Ja schon, wir haben über die Neonazis gesprochen. Die wollen die Demokratie abschaffen, hat unsere Lehrerin gesagt. Aber ich weiß nicht genau, was das ist, die Demokratie. Kannst du mir das erklären, Mama?

Mutter Oh, das ist gar nicht so einfach. Ein bisschen ist das wie bei uns in der Familie. Weißt du noch: Letztes Jahr wussten wir nicht, wohin wir in Urlaub fahren sollten. Papa wollte in die Berge und ich ans Meer. Da haben wir abgestimmt. Und weil ihr Kinder auch lieber ans Meer wolltet, stand es 3:1. Also sind wir an die Ostsee gefahren.

Junge Ja, aber …? In der Politik ist das doch wohl ein bisschen komplizierter, oder?

Reporterin Herr Meier, Abgeordneter im Deutschen Bundestag, hat uns genauer erklärt, was Demokratie bedeutet.

Herr Meier, Abgeordneter im Deutschen Bundestag Wörtlich heißt Demokratie „Herrschaft des Volkes". Das Volk bestimmt also, welche Politik gemacht wird. Aber natürlich regiert das Volk nicht direkt. Es wählt sogenannte Volksvertreter, z.B. uns Bundestagsabgeordnete. Wir Parlamentarier üben dann für vier Jahre die Staatsmacht stellvertretend für das Volk aus.

Reporterin Ja, und wenn die Arbeit der Abgeordneten uns Wählern nicht gefällt, können wir die Volksvertreter bei der nächsten Wahl wieder abwählen und einer anderen Partei unsere Stimme geben.

Schüler Sag mal, weißt du eigentlich, woran man einen demokratischen Staat erkennt?

Schülerin Ich glaube, daran, dass es ein Parlament gibt.

Schüler Ja, ja, genau! Und es muss eine Opposition geben. Damit die Regierung nicht machen kann, was sie will.

Reporterin Einen demokratischen Staat erkennt man daran, dass nicht nur eine Person oder Gruppe die Macht hat. Der Spezialbegriff dafür ist Gewaltenteilung.

Herr Meier Ja, die Teilung der Macht ist sehr wichtig. Es soll nämlich keine Diktatur entstehen. Deshalb gibt es drei Gewalten in der Demokratie, die unabhängig voneinander sind und sich gegenseitig kontrollieren. Man nennt diese Gewalten …

Schüler Sind das nicht die Exekutive und die Legislative?

Schülerin Na klar! Und die Judikative gehört auch noch dazu. Das haben wir doch letzte Woche in der Schule gelernt.

Herr Meier Richtig! Da ist erstens die Legislative. Diese Gewalt üben wir Abgeordnete im Parlament aus. Wir schlagen neue Gesetze vor und beraten darüber. Und wir stimmen ab. Erst dann können die Gesetze in Kraft treten. Zweitens gibt es die Exekutive. Das sind die Bundesregierung und der Kanzler, oder die Kanzlerin. Sie führen die Gesetze aus und machen die konkrete Politik. Und als dritte Gewalt gibt es die Judikative. Sie wacht darüber, dass jeder die Gesetze einhält. Die Bürger, aber auch der Staat.

Reporterin Na, und außerdem gibt es so etwas wie eine vierte Gewalt im Staat. Das sind wir Journalisten. Auch wir sorgen dafür, dass die Regierung nicht machen kann, was sie will. Die Presse hat deshalb eine sehr wichtige Funktion in der Demokratie: Dadurch, dass wir Journalisten kritisch über die Politik berichten, …

Track 2 Rechtsstaatsprinzip

Reporterin Hallo, liebe Hörerinnen und Hörer, hier ist wieder Ayşe Çakir. Sie hören unsere Sendung *45 Stunden Deutschland*. Unser Thema heute ist der Rechtsstaat.

Mann Du, Sabine, hör mal, was hier steht: Eine Familie aus Hamburg-Wilhelmsburg wurde heute zu 1000 € Geldstrafe verurteilt. Die Eltern haben ihre Tochter wochenlang nicht zur Schule geschickt.

Frau Die meinen wohl, für sie gelten die Gesetze nicht.

Reporterin In einer Demokratie haben alle Menschen bestimmte Rechte und Pflichten. Wir alle müssen uns an die Gesetze halten, ob uns das gefällt oder nicht. Auch wenn es gegen unsere eigenen Interessen ist. Dafür haben wir aber auch Rechtssicherheit, weil wir in einem Rechtsstaat leben. Darüber habe ich mit Herrn Müller gesprochen, Richter am Bundesverfassungsgericht hier in Karlsruhe.

Herr Müller, Richter am Bundesverfassungsgericht Der Rechtsstaat ist eines der vier Strukturprinzipien des Grundgesetzes. Die Bundesrepublik Deutschland ist nicht nur eine Demokratie, ein Bundesstaat und ein Sozialstaat, sondern vor allem auch ein Rechtsstaat. Merkmale des Rechtsstaates sind neben der Gewaltenteilung die Rechtssicherheit und die Rechtsgleichheit.

Reporterin Hallo, wir sind von *45 Stunden Deutschland* und machen eine Umfrage. Wissen Sie, was man unter Rechtssicherheit und Rechtsgleichheit versteht?

Junger Mann Na, Rechtsgleichheit heißt doch sicher, dass alle Menschen in Deutschland vor dem Gesetz gleich sind, oder?

Junge Frau Rechtssicherheit, Moment mal. Das habe ich doch gelernt.
Aber ich habe vergessen, was das ist.

Junger Mann Heißt das nicht, dass auch der Staat an die Gesetze gebunden ist? Doch, ich denke, das war's.

Herr Müller In einem Rechtsstaat ist alles staatliche Handeln an Gesetze gebunden. Wenn z.B. ein Bürger glaubt, dass der Staat bestimmte Rechte verletzt, kann er hier in Karlsruhe vor dem Bundesverfassungsgericht Verfassungsbeschwerde einlegen. Das heißt, er kann gegen den Staat klagen.

Reporterin Im Moment klagen viele Menschen gegen die Online-Durchsuchung. Das Gesetz soll dem Staat erlauben, heimlich private Computer zu durchsuchen. Was halten Sie davon?

Junger Mann Ich finde das nicht richtig. Was ich im Internet mache, ist meine Privatangelegenheit. Das geht niemanden etwas an. Es herrscht schließlich Meinungsfreiheit in Deutschland.

Junge Frau Ich sehe das anders. Der Staat muss sich gegen Terroristen wehren können. Die wollen doch unsere freiheitliche demokratische Grundordnung zerstören. Und im Grundgesetz steht, dass man sich gegen so etwas wehren muss.

Track 3 Politische und gesellschaftliche Beteiligung

Reporterin Liebe Hörerinnen und Hörer, hier meldet sich wieder Ayşe Çakir mit *45 Stunden Deutschland*. Heute berichte ich aus Mecklenburg-Vorpommern. Es geht um das Thema Bürgerbeteiligung in Politik und Gesellschaft.

Herr Diaz Frau Lebedev, gut, dass ich Sie treffe. Viele von uns fühlen sich nicht mehr sicher hier in unserer Siedlung. Meine Kinder haben schon am Morgen Angst, in die Schule zu gehen. Sie werden fast jeden Tag bedroht. Von jungen Rechtsradikalen. Und das nur, weil wir anders aussehen. Sie vom Ausländerbeirat müssen uns helfen, Frau Lebedev! Darüber müssen Sie unbedingt mit der Stadtverwaltung und der Oberbürgermeisterin sprechen.

Frau Lebedev, Mitglied im Ausländerbeirat Da haben Sie vollkommen recht, Herr Diaz. Wir vom Ausländerbeirat machen uns auch große Sorgen. Bei unserem nächsten Treffen werden wir darüber sprechen, was man dagegen machen kann. Die Stadtverordneten und die Integrationsbeauftragte sind genauso besorgt wie wir.

Reporterin Auch ohne deutschen Pass kann man in Deutschland am politischen Leben teilnehmen. Zum Beispiel in Bürgerinitiativen. Vor allem aber im Ausländerbeirat. Die Mitglieder des Ausländerbeirats setzen sich bei den Politikern der Kommune, z.B. der Stadt Rostock, für die Belange der ausländischen Mitbürger ein. Sie haben direkten Kontakt zu den Ausschüssen des Stadtrates. Aber auch zum Integrationsbeauftragten und zum Bürgermeister. Mehr Einflussmöglichkeiten hat man natürlich als deutscher Staatsbürger.

Herr Nguyen Meine Eltern sind vor 30 Jahren aus Vietnam nach Deutschland gekommen. Das war damals noch in der DDR. Aber meine beiden Brüder und ich sind hier in Rostock geboren und aufgewachsen.
Wir haben uns vor ein paar Jahren einbürgern lassen, haben also die deutsche Staatsangehörigkeit.

Reporterin Was war der Grund dafür, Herr Nguyen?

Herr Nguyen Na ja, das hatte viele Gründe. Aber hauptsächlich ging es mir darum, wie ich meine Interessen am besten vertreten kann. Ich bin Unternehmer, na ja, Kleinunternehmer. Mein Bruder und ich haben zwei Restaurants hier in Rostock. Und betreiben ein paar Asia-Imbissbuden entlang der Ostseeküste. Und um ehrlich zu sein, ärgere ich mich oft über unsere Politiker. Vor allem die Wirtschaftspolitik ist schlecht, finde ich! Da will ich doch wenigstens unsere Volksvertreter wählen können. Und wieder abwählen, wenn sie schlechte Politik machen. Und das kann ich nur als Deutscher.

Reporterin In Deutschland darf jeder wählen, der 18 Jahre alt ist und die deutsche Staatsangehörigkeit seit mindestens einem Jahr besitzt. Es gibt Bundestags-, Landtags- und Kommunalwahlen. Die Teilnahme an einer Wahl ist freiwillig. Es gibt also ein Wahlrecht, aber keine Wahlpflicht. Bei den Kommunalwahlen dürfen auch Ausländer wählen. Das gilt aber nur für EU-Bürger, wenn sie seit mehr als drei Monaten ihren Wohnsitz in der Gemeinde haben. Aber es gibt noch andere Möglichkeiten der gesellschaftlichen Teilhabe. Darüber habe ich mit der Integrationsbeauftragten Frau Padderatz gesprochen.

Frau Padderatz Eine Demokratie braucht die Beteiligung der Bürger. Nun interessiert sich nicht jeder für Politik. Aber es gibt viele Möglichkeiten am Leben in Deutschland teilzunehmen. Es gibt viele Möglichkeiten, sich zu engagieren. Das macht manchmal Arbeit, aber auch Spaß. Müttern, na ja, natürlich auch Vätern, rate ich immer: „Engagiert euch im Kindergarten und in der Schule eurer Kinder. Das ist gut für die Kinder, aber auch für euch selbst. Man lernt ganz nebenbei viele Menschen kennen und kommt mit ihnen ins Gespräch." Na, und so …

Track 4 Nationalsozialismus

Reporterin Hallo und guten Tag. Hier ist wieder Ayşe Çakir mit *45 Stunden Deutschland*. Diesmal geht es um die Zeit des Nationalsozialismus.

Herr Kowalski, macht Führungen in der Gedenkstätte Auschwitz Viele junge Menschen, die ich durch das KZ Auschwitz führe, fragen mich, wie das alles passieren konnte. Warum die Deutschen Hitler gewählt haben? Wie er aus Deutschland in so kurzer Zeit eine Diktatur machen konnte? Das ist nicht so leicht zu beantworten. Ein Grund dafür war sicher, dass es den meisten Menschen damals wirtschaftlich sehr schlecht ging. Sie glaubten den Versprechungen der Nazis, alles besser zu machen. Aber der wirkliche Grund ist, dass die Demokratie in der Weimarer Republik zu schwach war. Die Verfassung war nicht so gut geschützt wie das Grundgesetz heute.

Reporterin In der Tat hat Hitler innerhalb kurzer Zeit die Demokratie in Deutschland zerstört. Er hat seine politischen Gegner verfolgt und das Parlament ausgeschaltet. Er hat die Unabhängigkeit der Richter beseitigt. Schon wenige Wochen nach seiner Wahl zum Reichskanzler gab es keine Gewaltenteilung mehr in Deutschland. Hitler und seine Partei hatten allein die Macht. Ich hatte Gelegenheit, mit Menschen zu sprechen, die diese Zeit noch miterlebt haben. Frau Wagner, Sie sind 93 Jahre alt. Können Sie sich noch gut an damals erinnern?

Lily Wagner Ja, ich hatte damals gerade geheiratet. Ich hätte also sehr glücklich sein müssen. Aber bald nach Hitlers Machtergreifung wurde mein Mann arbeitslos. Er war Journalist bei einer Zeitung in Berlin. Die Nazis haben ja alle kritischen Zeitungen verboten. Aber mein Mann hat noch Glück gehabt. Zwei seiner Kollegen sind von den Nazis abgeholt worden. Man hat sie ins Gefängnis gebracht. Ihre Familien haben nie wieder etwas von ihnen gehört. Ja, das waren schlimme Zeiten damals.

Reporterin Heute sind Rassismus und Fremdenhass in Deutschland verboten. Im Grundgesetz steht, dass niemand wegen seiner Religion, seiner Rasse und seiner Herkunft verfolgt und benachteiligt werden darf. Aber wie sah es damals damit in Deutschland aus? Herr Meier, wie haben Sie die Verfolgung und Vernichtung der Juden in Deutschland erlebt?

Herbert Meier Als Hitler an die Macht kam, war ich erst zehn Jahre alt. Aber ich weiß noch, dass plötzlich viele Leute nicht mehr im Laden nebenan gekauft haben. „Kauft nicht bei Juden!" stand auf dem Schaufenster. Wenig später ist die Familie Weiss nach Amerika ausgewandert. Erinnern kann ich mich auch noch an die Pogromnacht vom 9. November 1938. Damals wurden viele jüdische Wohnungen und Geschäfte zerstört. Und die Synagoge in der Oranienburger Straße hier in Berlin hat gebrannt. Wenig später mussten alle Juden den gelben Judenstern tragen. Ja, und dann …

Reporterin Ab 1941 haben die Nazis Juden aus ganz Europa in die Konzentrationslager gebracht. Viele Gefangene wurden sofort getötet, andere mussten arbeiten, bis sie nicht mehr konnten. In Vernichtungslagern wie Auschwitz wurden sie mit Gas umgebracht.

Herr Kowalski Jedes Jahr besuchen viele Schulklassen das Vernichtungslager Auschwitz. Der Auschwitz-Gedenktag am 27. Januar erinnert daran, dass …

Track 5 Deutschland nach 1945

Reporterin Hallo bei *45 Stunden Deutschland*. Mein Name ist Ayşe Çakir und ich bin heute für Sie in Nordrhein-Westfalen unterwegs. Unser Thema ist: die deutsche Geschichte nach 1945.

Lily Wagner Sie können sich nicht vorstellen, wie es damals aussah hier in Köln. Nur der Dom stand noch, aber sonst war alles zerstört. Unsere Männer waren tot oder in Gefangenschaft. Deshalb mussten wir Frauen alles allein machen, auch körperlich schwere Arbeiten. Den Schutt beseitigen und aus Trümmern die Häuser wieder aufbauen.

Reporterin Man nennt diese Zeit die Stunde Null. Nach der Kapitulation am 8. Mai 1945 regierten die vier Siegermächte das Land. Aber schon bald gab es Spannungen und der Kalte Krieg begann. Und damit die Teilung Deutschlands. Professor Schmidt, Geschichtswissenschaftler von der Universität Köln, hat uns durch das „Haus der Geschichte" in Bonn begleitet.

Professor Schmidt Hier im Museum gibt es sehr interessante Ausstellungsstücke aus dem Alltag der Menschen. Sie zeigen sehr schön, wie es den Deutschen nach dem Krieg ging und wie es in den westlichen Besatzungszonen langsam wieder besser wurde. Hier sehen wir zum Beispiel die Trümmerfrauen beim Wiederaufbau der Häuser. Und hier sehen wir dann Fotos aus den Fünfziger Jahren, die ersten Neubauten. Die Amerikaner haben ja damals den Westdeutschen sehr geholfen und das Land mit Hilfe des Marshallplans wiederaufgebaut. Jetzt hatten die Menschen auch wieder genug zu essen.

Reporterin Seit 1949 gab es auf deutschem Boden zwei Staaten. Die Bundesrepublik Deutschland und die DDR. Am 23. Mai wurde die Bundesrepublik gegründet. Ein demokratischer Staat mit einer demokratischen Verfassung, dem Grundgesetz. Die Bundesrepublik wurde damals Teil des westlichen Blocks unter Führung der USA. Und aus der sowjetisch besetzten Zone im Osten wurde am 7. Oktober die DDR. Sie war Teil des Ostblocks unter Führung der Sowjetunion.

Herbert Meier Ich habe damals meine Schwester Lily sehr beneidet, weil sie im Westen gewohnt hat. Sie und ihr Mann hatten schon Anfang der Fünfziger Jahre ein kleines Schuhgeschäft in Köln. Sie mussten hart arbeiten, aber es ging ihnen im Laufe der Zeit immer besser. Sie konnten sogar nach Italien fahren. In den Urlaub. Wir hier im Osten hatten es viel schwerer. Wir hatten kein Wirtschaftswunder. Und das mit der Planwirtschaft hat auch nicht richtig funktioniert. Deshalb waren auch immer mehr Menschen unzufrieden mit der Regierung und dem System. Und …

Reporterin Am 17. Juni 1953 kam es zu Unruhen in der DDR. Aber russische Panzer haben damals den Volksaufstand schnell beendet. In der Bundesrepublik hat man den 17. Juni lange als „Tag der Deutschen Einheit" gefeiert.

Professor Schmidt Was Sie hier sehen, kennen Sie alle. Das ist ein kleines Stück der Berliner Mauer. Sie war bis 1989 das Symbol für die Teilung Deutschlands und Europas. Sie wurde am 13. August 1961 erbaut, weil die Regierung …

Track 6 Etappen auf dem Weg zur Wiedervereinigung

Reporterin Hallo liebe Hörerinnen und Hörer! Hier ist wieder Ayşe Çakir. Unser Thema heute: Die Wiedervereinigung. Und natürlich melde ich mich diesmal aus Leipzig, der Stadt der Montagsdemonstrationen.

Leipziger Bürgerin Damals – im Spätsommer / Herbst 1989 – war viel los hier in der Stadt. Zu den ersten Demonstrationen sind nur ein paar Leute gekommen. Aber dann haben von Woche zu Woche mehr Menschen mitgemacht. Viele sind ja damals weggegangen aus der DDR. In den Westen. Aber das wollten wir nicht. Nein! Wir wollten bleiben und das Land verändern. Deshalb haben wir gegen die Regierung protestiert.

Berliner Passant Ja, ich war auch dabei. Ich hatte zusammen mit Freunden ein großes Schild gemalt. Darauf stand: „Wir sind das Volk!" Damit wollten wir sagen: Nicht nur die Regierung, sondern auch das Volk ist wichtig in einem Staat. Aber im Laufe der Zeit haben immer mehr Leute „Wir sind ein Volk!" auf ihre Plakate geschrieben. Natürlich haben wir damals nicht wirklich an die Wiedervereinigung geglaubt. Doch dann ist plötzlich alles ganz schnell gegangen. Es war wirklich unglaublich!

Reporterin 1989 war ein wichtiges Jahr für die DDR. In der Sowjetunion war Michail Gorbatschow an der Macht. Der Kalte Krieg in Europa ging langsam zu Ende. Und am 7. Oktober wurde die DDR 40 Jahre alt. Das hat die Regierung mit Militärparaden gefeiert. Aber schon elf Tage später musste Staatschef Erich Honecker zurücktreten. Und am 9. November ist dann schon die Mauer gefallen.

Leipziger Bürgerin Ja, das war wirklich unglaublich, wie plötzlich Menschen aus Ost und West auf der Mauer standen und zusammen gefeiert haben. Leipzig ist ja ziemlich weit weg von Berlin. Und ich habe das Ganze nur im Westfernsehen gesehen. Aber ich hatte Tränen in den Augen.

Reporterin Politiker aus beiden deutschen Staaten haben dann beraten, wie man aus zwei völlig verschiedenen Ländern wieder ein Land machen kann. Am 1. Juli 1990 haben sie einen Staatsvertrag abgeschlossen. Ein Ergebnis dieses Vertrags war zum Beispiel, dass die DDR-Bürger ihr Ost-Geld in D-Mark umtauschen konnten. Den Euro gab es ja damals noch nicht. Und über die Zeit bis zur Wiedervereinigung habe ich mit meinem Kollegen Michael Reuter gesprochen. Er war damals Reporter beim Fernsehen der DDR und hat über die Verhandlungen zum sogenannten Zwei-plus-Vier-Vertrag berichtet. Was war das überhaupt?

Herr Reuter Die „2" steht für die zwei deutschen Staaten und die „4" für die vier Siegermächte des Zweiten Weltkriegs. Die alliierte Besatzung musste den Plänen zur Wiedervereinigung erst zustimmen. Hm, das ist nicht leicht zu verstehen: Nach Kriegsende 1945 ist nie ein Friedensvertrag zwischen den Siegern und den Verlierern unterzeichnet worden. Eigentlich waren also weder die Bundesrepublik noch die DDR souveräne Staaten. Das war vielen Menschen in Deutschland damals nicht bewusst. Aber es gab ja in beiden Staaten immer noch Besatzungssoldaten. Amerikaner in der Bundesrepublik und russische Soldaten in der DDR.

Reporterin Das heißt, die Wiedervereinigung konnte es nur geben, wenn die vier Siegermächte des Zweiten Weltkriegs einverstanden waren?

Herr Reuter So ist es. Aber es hat ja geklappt. Die Feierlichkeiten am Brandenburger Tor haben wahrscheinlich die meisten von uns noch vor Augen.

Reporterin Seit 1990 wird der 3. Oktober als „Tag der Deutschen Einheit" gefeiert. An diesem gesetzlichen Feiertag wird auch die Nationalhymne gespielt. Heute beenden wir unseren Beitrag mit der Melodie von Joseph Haydn.

Track 7 Bildung und Gleichberechtigung

Reporterin Hier ist wieder Ayşe Çakir für Sie am Mikrofon. Diesmal geht es um Bildung. Ein zentrales Thema für die Integration. Ich habe dazu Frau Jafari und Herrn Karpow interviewt, die mit ihren Familien aus Afghanistan und Kasachstan zugewandert sind. Frau Jafari ist Grundschullehrerin und Herr Karpow ist als Kleinunternehmer im Handel tätig.

Frau Jafari, Grundschullehrerin Ich bin meinen Eltern sehr dankbar, dass ich hier das Abitur machen durfte. Das war nicht selbstverständlich, denn wir kommen aus Afghanistan. Da haben Frauen noch nicht die gleichen Bildungschancen wie Männer.

Reporterin In Deutschland haben Frauen und Männer dieselben Rechte. Zu diesen Rechten gehört natürlich auch das Recht auf Bildung. Früher sind unsere Großmütter oft zu Hause geblieben und haben sich um Kinder und Haushalt gekümmert. Die Männer haben das Geld verdient und die Familie ernährt. Aber die Rollenbilder und Werte haben sich verändert: Frauen wollen heute berufstätig und unabhängig sein und auch Karriere machen. Allerdings haben sich auch die sozialen Verhältnisse geändert. Heute ist es schwer, mit nur einem Gehalt eine Familie zu ernähren. Auch deshalb wird Bildung für Frauen und Mädchen immer wichtiger.

Frau Jafari Ja, meine Eltern haben früh erkannt, dass Bildung der Schlüssel zur Integration ist. Wenn man Deutsch spricht und einen guten Schulabschluss hat, ist vieles leichter. Dann kann man einen Beruf erlernen und am gesellschaftlichen Leben teilnehmen. Weil ich meine Erfahrungen an Kinder aus Zuwandererfamilien weitergeben will, bin ich Grundschullehrerin geworden.

Herr Karpow, Kleinunternehmer Ich finde Ihr Engagement sehr wichtig. Ich hatte es nämlich als Kind sehr schwer hier in Deutschland. Vor allem in der Schule. Da war vieles ganz anders als bei uns in Kasachstan. Der Unterricht, aber auch die Lehrer. Überhaupt die ganze Erziehung. In Kasachstan mussten wir immer gehorchen und hatten Angst Fehler zu machen. Hier in Deutschland werden die Kinder viel freier erzogen. Das habe ich am Anfang nicht verstanden. Ich habe einfach keine Hausaufgaben gemacht und …

Reporterin In Deutschland sind Selbstbestimmung und Verantwortung wichtige Erziehungsziele. Es ist wichtig, die Kinder dazu zu motivieren. Die Eltern müssen ein Vorbild für ihre Kinder sein und sie von Anfang an zur Selbstständigkeit erziehen. Aber natürlich auch zur Disziplin. Denn die Eltern sind ja verantwortlich für den Bildungserfolg ihrer Kinder. Auch wenn die Kinder viele Freiheiten haben, müssen sie verstehen, dass sie nicht alles machen können, was sie wollen. Zum Beispiel in der Schule. Auch Freiheit muss man erst lernen.

Herr Karpow Ja, genau. Das habe ich am Anfang nicht verstanden. Deshalb musste ich auch ohne Abschluss von der Schule gehen. Aber am Ende habe ich es doch noch gepackt und den Hauptschulabschluss nachgemacht. Ich habe plötzlich verstanden, dass ich selbst für meine Noten verantwortlich bin. Und dass ich arbeiten muss, wenn ich etwas erreichen will. Ich habe dann eine Ausbildung zum Elektriker gemacht. Heute habe ich eine kleine Firma und verkaufe und repariere Computer. Aber ich habe noch viel vor in der Zukunft. Die Konkurrenz ist groß. Auch wegen der Globalisierung. Da wird das lebenslange Lernen immer wichtiger und …

Track 8 Religion und Zusammenleben von Menschen verschiedenen Glaubens

Reporterin Hallo und guten Tag, liebe Hörerinnen und Hörer. Hier ist wieder Ayşe Çakir für Sie. Im letzten Teil unserer Reihe begrüße ich Sie aus Hannover. Unser Thema: Die Religion und das Zusammenleben von Menschen verschiedenen Glaubens. Hier in der Dietrich-Bonhoeffer-Realschule habe ich mit Jugendlichen einer 9. Klasse gesprochen und sie gefragt: Welche Rolle spielt die Religion in eurem Leben?

Elena Ich bin 15 Jahre alt und evangelisch. Vor vier Wochen war meine Konfirmation. Viele meiner Freunde können mit Religion nichts anfangen. Ich schon. Wenn man erwachsen wird, stellt man sich doch viele Fragen: Wer bin ich? Wohin gehe ich? Woher komme ich? Darüber haben wir auch im Konfirmandenunterricht gesprochen. Mein Glaube hilft mir dabei, solche Fragen zu beantworten. Er gibt meinem Leben einen Sinn. Aber natürlich sprechen wir in der Gemeinde nicht nur über Religion und lesen in der Bibel. Wir haben auch viel Spaß in unserer Jugendgruppe. Letzten Sommer waren wir auf einer Freizeit in Österreich in den Bergen. Ja, das war schön.

Julia Ich bin katholisch. Aber ich gehe nicht jeden Sonntag in die Kirche. Ich finde, man muss seinen Glauben jeden Tag in der Woche leben. Anderen Menschen helfen – und nicht nur an sich selbst denken. Glauben heißt für mich, so zu leben, dass ich es vor meinem Gewissen verantworten kann.

Reporterin Die meisten Menschen in Deutschland sind Christen. Etwas mehr als 50 Millionen. Ungefähr die Hälfte davon ist katholisch, die andere Hälfte evangelisch. Deutschland ist ein Land mit christlicher Tradition: Viele Werte der demokratischen Gesellschaft haben christliche Wurzeln. Ein wichtiges Prinzip ist die Trennung von Kirche und Staat. Trotzdem spielen die katholische und die evangelische Kirche in Deutschland eine besondere Rolle. Als Mitglied einer christlichen Kirche muss man Kirchensteuer bezahlen. Und die Kirchen finanzieren mit diesem Geld unter anderem kirchliche Kindergärten, Pflegedienste und andere soziale Einrichtungen. Die kann aber jeder Bürger nutzen.

Pfarrerin Ich bin Pfarrerin und unterrichte seit drei Jahren evangelische Religion, hier an der Dietrich-Bonhoeffer-Schule. Religionsunterricht ist in Deutschland keine Pflicht. Die Eltern entscheiden, ob ihre Kinder am Religionsunterricht teilnehmen oder nicht. Und mit 14 melden sich manche Jugendliche dann vom Unterricht ab. Na ja, schön finde ich das nicht, aber das muss ich als Pfarrerin akzeptieren. In Deutschland herrscht ja Religionsfreiheit. Und Religionsfreiheit heißt eben auch, dass jeder Mensch die Freiheit hat, an Gott zu glauben oder nicht.

Reporterin Die Religionsfreiheit ist im Grundgesetz verankert. In Deutschland darf jeder seine Religion frei wählen und ungestört ausüben. Das gilt für alle – für Christen ebenso wie für Muslime, für Juden, Buddhisten, Hinduisten usw. Im Alltag gibt es natürlich manchmal auch Probleme oder Konflikte.

Deniz Ja, zum Beispiel mit den Gebetszeiten. In unserer Klasse gibt es vier Muslime. Wir sind eigentlich gut integriert, haben deutsche Freunde und so. Als gläubiger Muslim bete ich fünfmal am Tag. Das ist mir sehr wichtig. Aber natürlich weiß ich, dass unsere Gebetszeiten nicht immer zum Stundenplan passen. Zusammen mit der Schulleitung und der Schülervertretung haben wir einen Kompromiss gefunden: Es gibt jetzt einen Ruheraum hier in der Schule. Den können wir in den Freistunden nutzen. Natürlich habe ich mich darüber gefreut. Kompromissbereitschaft ist sehr wichtig, wenn Menschen verschiedenen Glaubens friedlich miteinander leben wollen. Und natürlich Toleranz …

Lösungen

Modul 1: Politik in der Demokratie

Strukturprinzipien des deutschen Staates

2b **alle Bundesländer gemeinsam:** z.B. Grundgesetz, Währung / Geld, Straßenverkehrsordnung, Traditionen, Sprache, Hauptstadt Berlin
jedes Bundesland für sich: z.B. Landesverfassungen, Bildungspolitik / Schulwesen, (regionale) Traditionen, Dialekte, Landeshauptstädte

3 (1) Bund, (2) Länder, (3) Bund, (4) Gemeinden, (5) Bund, (6) Länder, (7) Gemeinden, (8) Gemeinden

5a **passende Zeichnungen:** 2 (Wahlen), 4 (Meinungs- und Versammlungsfreiheit), 5 (Abstimmungen)

5b 1. r, 2. f, 3. r, 4. r, 5. r, 6. f, 7. f, 8. r

6 (1) Staatsziele, (2) Herrschaft des Volkes, (3) Rechtsstaatsprinzip, (4) Widerstandsrecht

8b A - Rechtsgleichheit, B - Rechtssicherheit, C - Gewaltenteilung

9a Wenn nur eine Person alle drei Schlüssel hätte: Die Staatsgewalten könnten sich nicht mehr gegenseitig kontrollieren und ihre Macht gegenseitig begrenzen.

9b Exekutive - vollziehende Gewalt - Regierung und Verwaltung; Legislative - gesetzgebende Gewalt - Parlament; Judikative - Rechtssprechung - Gerichte

10 1. rechtsstaatlich, 2. nicht rechtsstaatlich, 3. nicht rechtsstaatlich, 4. rechtsstaatlich

12b 1. Krankenversicherung: Sie übernimmt die Kosten von Behandlungen nach Unfällen und Erkrankungen und bei Mutterschaft. 2. Arbeitslosenversicherung: Als Arbeitnehmer/in ist man pflichtversichert und bekommt finanzielle Hilfe, wenn man arbeitslos wird. 3. Mutterschutzgesetz: Dieses Gesetz schützt Frauen während der Schwangerschaft und nach der Geburt. Arbeitnehmerinnen haben das Recht auf eine Mutterschutzfrist von mindestens 14 Wochen.

13b **Fürsorge:** 3, 5; **soziale Gerechtigkeit:** 2, 6; **Solidarität:** 1, 4

Grundrechte und staatsbürgerliche Pflichten

1 I. G, II. D, III.-VI. E, VII-VIII. F, IX. A, X. B, Xa. C

3 1. Menschenrechte, 2. Bürgerrechte

4 (2) Alle Deutschen wissen: Nur mit Menschenrechten für alle gibt es Frieden und Gerechtigkeit auf der Welt. (3) Alle Staatsorgane, die Gesetze, die Richter, die Regierung,... müssen sich an die Grundrechte halten. (1) Jeder Mensch darf in Würde leben, das heißt: Niemand darf einen Menschen körperlich oder seelisch verletzen. Der Staat muss darüber wachen.

5a (1) Meinungs- und Pressefreiheit, (2) Meinungs- und Versammlungsfreiheit, (3) Unverletzlichkeit der Wohnung, (4) Berufsfreiheit, (5) Gleichberechtigung von Frauen und Männern

5b 1. Bild 3, 2. Bild 2, 3. Bild 1, 4. Bild 5, 5. Bild 4

6 1. Artikel 4, 2. Artikel 6, 3. Artikel 2, 4. Artikel 3, 5. Artikel 5

7 **passende Aussagen:** 1, 2, 6, 8, 9, 11, 12

8a Artikel 5 und 8

8b Da die Demonstranten gegen die Demokratie und damit gegen die freiheitliche demokratische Grundordnung protestieren, können sie sich nicht mehr uneingeschränkt auf die Grundrechte Meinungs- und Versammlungsfreiheit berufen.

10 1. Bild B, 2. Bild E, 3. Bild F, 4. Bild A, 5. Bild D, 6. Bild C, 7. Bild G

Verfassungsorgane, Parteien und Staatssymbole

1 Bundestag: Bild 1/7, Bundespräsident: Bild 2/9, Bundesverfassungsgericht: Bild 4/10, Bundesregierung: Bild 3/6, Bundesrat: Bild 5/8

2a 1. Bundesverfassungsgericht, 2. Bundestag, 3. Bundesregierung, 4. Bundesrat, 5. Bundespräsident/in

2b **Bundesregierung:** regiert die Bundesrepublik bis zur nächsten Wahl, **Bundestag:** berät über Gesetze und beschließt sie, **Bundesrat:** vertritt die Interessen der Bundesländer und wirkt bei der Gesetzgebung und Verwaltung des Bundes mit, **Bundespräsident/in:** repräsentiert die Bundesrepublik als Staatsoberhaupt, **Bundesverfassungsgericht:** wacht darüber, dass nach dem Grundgesetz gehandelt wird

4c **Rot:** SPD und Die Linke, **Schwarz:** CDU/CSU, **Grün:** Die Grünen/Bündnis 90, **Gelb:** FDP

6a 1. Schwarz-Rot-Gold, Flagge; 2. Wappen, Adler; 3. Nationalfeiertag, Tag der Deutschen Einheit; 4. Nationalhymne, Einigkeit und Recht und Freiheit Hauptstadt Berlin

6b 1. Schwarz, Rot, Gold; 2. Hauptstadt; 3. Adler, rot, golden; 4. Nationalhymne; 5. Nationalfeiertag, 3. Oktober

8a **richtig sind:** 2, 3, 6

Sozialstaat

1a 1: Unfall; 2: Arbeitsstelle, Agentur für Arbeit; 3: krank, Arzt, Medikamente; 4: Pflege; 5: alt, Rente

1b Krankenversicherung: 3, SOZ; Rentenversicherung: 5, IAL; Unfallversicherung: 1, AB; Arbeitslosenversicherung: 2, GA; Pflegeversicherung: 4, BEN

1c **Lösungswort:** Sozialabgaben

2a 1. r, 2. f, 3. r, 4. r, 5. f, 6. f, 7. r

2b **Solidarität:** 4, 7; **Beitragsfinanzierung:** 3, 4; **Versicherungspflicht:** 1

4 D 1, A 2, B 3, C 4

9 **sinkt, sinken:** 1, 2, 3; **steigt, steigen:** 4, 5, 6

10 1. Zusatzkrankenversicherung; 2. Immobilienbesitz; 3. betriebliche Altersvorsorge; 4. Riester-Rente

Politische Beteiligung und Teilhabe

2a allgemein, unmittelbar, frei, gleich, geheim
2b Bild 1: gleich, Bild 2: geheim, Bild 3: allgemein, Bild 4: frei
2c unmittelbar: Die Bürger wählen die Volksvertreter direkt.
3 1. eine Wahlbenachrichtigung; 2. ins Wahllokal in ihrer Gemeinde; 3. ihren Personalausweis; 4. einen Stimmzettel
4 (1) Bund, (2) Land, (3) Bundestagswahl, (4) Landtagswahl, (5) Kommunalwahlen, (6) (Ober-) Bürgermeister
5a 1. vier; 2. Abgeordneten; 3. CDU/CSU; 4. Koalition; 5. SPD, Grüne, Linke; 6. 5%
6 1. Sie darf an allen Wahlen teilnehmen; 2. Sie darf gar nicht wählen; 3. Er darf auf kommunaler Ebene wählen; 4. Er darf auf kommunaler Ebene wählen; 5. Sie darf gar nicht wählen; 6. Er darf an allen Wahlen teilnehmen.
8a A 1, B 4, C 5, D 2, E 3
8b 1: Bürgerinitiative, 2: Verein, 3: Ehrenamt, 4: Engagement in der Schule, 5: Ausländerbeirat
11 **richtige Reihenfolge:** 1, 3, 4, 2
12b **pro Startbahn am Flughafen:** C, keine Verspätungen und Unfälle im Flugverkehr; **pro Zufahrtsstraße zum Flughafen:** B, keine Staus auf dem Weg zum Flughafen; **contra Startbahn am Flughafen:** A, Lärm- und Naturschutz
12c **richtig:** 2 und 4
13 1. Medien, 3. Medien, 4. Bürger, 5. Medien

Modul 2: Geschichte und Verantwortung

Der Nationalsozialismus und seine Folgen

2b 1. r, 2. r, 3. f, 4. f, 5. r
3a **Richter:** Skandal! Menschen kommen jetzt ohne Gerichtsverhandlung ins Gefängnis.
Politiker: Es gibt kein Parlament mehr in Deutschland. Hitler kann jetzt machen, was er will.
Journalist: Meine Zeitung hat mich entlassen, weil ich einen kritischen Artikel schreiben wollte.
Volk: Wir dürfen keine eigene Meinung mehr haben. Wir sollen nur noch dem Führer gehorchen.
3c 1 B, 2 G, 3 E, 4 D, 5 A, 6 C, 7 F
4 1 D, 2 C, 3 E, 4 B, 5 A
8 a 1, b 6, c 2, d 7, e 3, f 4, g 5, h 8
9a 1 B, 2 A, 3 C

Wichtige Stationen in der Geschichte Deutschlands nach 1945

1b 1. C, 2. E, 3. A, 4. D, 5. B, 6. F
2 **richtige Reihenfolge:** D, G, A, E, C, B, F
3 **richtige Reihenfolge:** D, B, A, E, C, F
4 Lily Wagner: Ich habe lange nichts von meinem Bruder gehört…: E; Mein Bruder im Osten schreibt,…: B; Schön, dass jetzt alles besser werden soll…: F; Herbert Meier: Meine Schwester im Westen hat jetzt ihr eigenes Schuhgeschäft…: A; Seit es die Mauer gibt,…: C; Der Krieg ist jetzt drei Jahre vorbei,…: D;

Leben im wiedervereinigten Deutschland und in Europa

2b A 3, B 4, C 1, D 2, E 5
4a 1 H, 2 E, 3 G, 4 A, 5 F, 6 B, 7 D, 8 C
7a **richtige Reihenfolge:** Frieden und Sicherheit; Zusammenschluss; wirtschaftliche Zusammenarbeit; Kohle- und Stahlindustrie; Europäische Union; gemeinsame Werte; Lebensverhältnisse
7b **Lösungswort:** Integration Europas

Modul 3: Mensch und Gesellschaft

Zusammenleben in der Familie und anderen Lebensgemeinschaften

3 1. Eheschließung; 2. scheiden; 3. berufstätig; 4. Geburten; 5. Emanzipation; 6. Individualisierung; 7. Wertewandel
7 1. Artikel 6 GG; 2. Elterngeld; 3. Kindergeld; 4. Elternzeit; 5. Mutterschutz

Interkulturelles Zusammenleben

3a Norm: Lineal; Regel: Verkehrsschild; Wert: Diamant
3b 1. Norm; 2. Regel; 3. Wert; 4. Wert; 5. Norm; 6. Regel
10a 1. Selbsteinschätzung; 2. Rollendistanz; 3. Empathie; 4. Differenzen akzeptieren; 5. flexibles Verhalten; 6. Kenntnis anderer Kulturen; 7. Offenheit
12c z.B. S. 32, S. 60 und 61, S. 64,…

Religiöse Vielfalt

1a Hinduismus: ca. 100 000; Judentum: ca. 200 000; Buddhismus: ca. 245 000; Islam: ca. 3,3 Millionen; Christentum: ca. 53 Millionen
1b evangelisch, katholisch, orthodox
2a 1. Bild A (Kirchenglocke), 2. Bild C (Kreuz), 3. Bild D (Weihnachten, 4. Bild B (Taufe), 5. Bild E (kirchliche Gruppe)
4 1. r; 2. f; 3. r; 4. r; 5. f
5 **richtig:** 1 und 3

Orientierungskurs – Abschluss

3 1. genau, 2. selbst, 3. vier, 4. richtige, 5. weiter, 6. alles, 7. zum Schluss

Umschlagfotos: 1: laif (Barbara Dombrowski), Köln; 2: Corbis (Svenja-Foto/zefa), Düsseldorf; 3:iStockphoto (Uli Hamacher), Calgary, Alberta; Wappen U2: MEV Verlag GmbH, Augsburg; Innenministerium Nordrhein-Westfalen, Düsseldorf, Klett-Archiv, Stuttgart
Inhalt: S. 6.1: Keystone (Jochen Zick), Hamburg; S. 6.2: vario images GmbH & Co.KG; S. 6.3: iStockphoto, Calgary, Alberta; S. 6.4: Avenue Images, GmbH (Creatas), Hamburg; S. 8: Kessler-Medien, Saarbrücken; S. 9.1: Holger Appenzeller, Stuttgart; S. 10.1+3: laif (Paul Hahn), Köln; S. 10.2: Fotofinder GmbH, Berlin; S. 10.4: Keystone (Volkmar Schulz), Hamburg; S. 10.5: Picture-Alliance (ZB/Jens Kalaene), Frankfurt; S. 11.1: MEV Verlag GmbH, Augsburg; S. 11.2: iStockphoto (Millanovic), Calgary, Alberta; S. 11.3: Fotolia LLC (ON TOURS by HeMP), New York; S. 11.4: Das Fotoarchiv (Wolfgang Schmidt), Essen; S. 13: Jani Spennhoff (Nach einer Vorlage von Holger Appenzeller gezeichnet.), Barcelona; S. 16.1: Ullstein Bild GmbH (AP), Berlin; S. 16.2: Fotofinder GmbH (Falkenstein/Premium/Premium Stock Photography GmbH), Berlin; S. 18.1: creativ collection Verlag GmbH, Freiburg; S. 18.2: The Associated Press GmbH, Frankfurt am Main; S. 18.3: Picture-Alliance, Frankfurt; S. 18.4: Sedat Mehder, Kamern; S. 18.5: iStockphoto (Charlie Bishop), Calgary, Alberta; S. 19: imago sportfotodienst, Berlin; S. 20.1: iStockphoto (Mirko Pernjakovic), Calgary, Alberta; S. 20.2: Fotofinder GmbH (vario images), Berlin; S. 20.3: Bundesdruckerei GmbH, Berlin; S. 20.4: MEV Verlag GmbH, Augsburg; S. 20.5: Fotofinder GmbH (Falkenstein/Premium/Premium Stock Photography GmbH), Berlin; S. 20.6: iStockphoto (Niamh Baldock), Calgary, Alberta; S. 20.7: Formblitz AG, Berlin; S. 20.8: Alamy Images RM (vario images GmbH & Co.KG), Abingdon, Oxon; S. 22.1-3: Alamy Images RM (vario images GmbH & Co.KG), Abingdon, Oxon; S. 22.4: Fotofinder GmbH (Jose Giribas), Berlin; S. 22.5: Image Stock & People, Berlin; S. 22.6: Keystone, Hamburg; S. 22.7: Bundesrat (Bundesrat 2006), Berlin; S. 22.8: Alamy Images RM (McCanner), Abingdon, Oxon; 22.9 Alamy Images (Arco Images GmbH), Abingdon, Oxon; 22.10 MEV Verlag GmbH, Augsburg; S. 22.11: Alamy Images RM (McCanner), Abingdon, Oxon; S. 22.12: Fotofinder GmbH (Hartmut Schwarzbach/argus), Berlin; S. 24.1: CDU, Berlin; S. 24.2: CSU; S. 24.3: SPD, Berlin; S. 24.4: Bündnis 90/Die Grünen, Stuttgart; S. 24.5: FDP, Berlin; S. 24.6: DIE LINKE, Berlin; S. 25.1: iStockphoto (naphtalina), Calgary, Alberta; S. 25.2: MEV Verlag GmbH, Augsburg; S. 25.3: Fotofinder GmbH (Norbert Michalke), Berlin; S. 25.4: Imago Stock & People, Berlin; S. 25.5: creativ collection Verlag GmbH, Freiburg; S. 26.1: iStockphoto (Alexander Hafemann), Calgary, Alberta; S. 26.2: Getty Images RF (PhotoDisc), München; S. 26.3: Fotosearch Stock Photography (Design Pics), Waukesha, WI; S. 26.4: imago sportfotodienst, Berlin; S. 28.1: Fotofinder GmbH (A1PIX/PHA), Berlin; S. 28.2: shutterstock (Goran Cakmazovic), New York, NY; S. 28.3: Fotofinder GmbH (www.BilderBox.com), Berlin; S. 28.4: Fotofinder GmbH (argus/Schwarzbach), Berlin; S. 28.6: Picture-Alliance, Frankfurt; S. 30.1: Berufsgenossenschaft Druck und Papierverarbeitung (Heine/ Lenz/Zizka), Wiesbaden; S. 30.2: Fotofinder GmbH (Brigitte Hiss/berlin-photo.com), Berlin; S. 30.3: Fotofinder GmbH (Volkmar Schulz), Berlin; S. 30.4: Visum; S. 36: Picture-Alliance (dpa-Grafik); S. 37.1: Alamy Images RM (Steve McAlister), Abingdon, Oxon; S. 37.2: JupiterImages photos.com (RF/photos.com), Tucson, AZ; S. 37.3: Modular (Steinle), Stuttgart; S. 37.4: Avenue Images GmbH (StockDisc), Hamburg; S. 37.5: iStockphoto (Juan Monino), Calgary, Alberta; S. 37.6: Avenue Images GmbH (Brand X Pictures), Hamburg; S. 38.1: Picture-Alliance, Frankfurt; S. 38.2: Fotosearch Stock Photography (Stockbyte), Waukesha, WI; S. 38.3: Fotofinder GmbH (argum), Berlin; S. 38.4: Imago Stock & People, Berlin; S. 38.5: Picture-Alliance, Frankfurt; S. 39: Deutsche Lufthansa AG, Köln; S. 42.1+3: Picture-Alliance (OKAPIA KG, Ge), Frankfurt; S. 42.2: iStockphoto (RF/Duncan Walker), Calgary, Alberta; S. 42.4: iStockphoto (Clayton Hansen), Calgary, Alberta; S. 42.5: Picture-Alliance (ZB), Frankfurt; S. 43.1: iStockphoto (Liza McCorkle), Calgary, Alberta; S. 43.2: Wikimedia Foundation Inc., St. Petersburg FL; S. 43.3: Picture-Alliance, Frankfurt; S. 43.4: Corel Corporation D, Unterschleissheim; S. 43.5: Ullstein Bild GmbH (UPI), Berlin; S. 44: Stadtbildstelle Essen, Essen; S. 46.1: Fotolia LLC (Philip Lange), New York; S. 46.2: Picture-Alliance (Sven Simon), Frankfurt; S. 46.3: BPK, Berlin; S. 47.1: Ullstein Bild GmbH (SV-Bilderdie), Berlin; S. 47.2: Willi Stegner, Gotha; S. 47.3: Corbis (Bettmann), Düsseldorf; S. 48.1: AKG, Berlin; S. 48.2: Interfoto, München; S. 50.1+6: Ullstein Bild GmbH (Andres (L)), Berlin; S. 50.2: Klett-Archiv, Stuttgart; S. 50.3: Ullstein Bild GmbH, Berlin; S. 50.4: The Associated Press GmbH, Frankfurt am Main; S. 50.5: Picture-Alliance (dpaweb), Frankfurt; S. 51.1: Ullstein Bild GmbH (dpa (85), Berlin; S. 51.2: Ullstein Bild GmbH (VW/AUDI), Berlin; S. 51.3: Picture-Alliance, Frankfurt; S. 51.4: Picture-Alliance (dpaweb), Frankfurt; S. 51.5: vario images GmbH & Co.KG (Ulrich Baumgarten), Bonn; S. 51.6: Ullstein Bild GmbH (Sven Simon), Berlin; S. 51.7: Bibliographisches Institut & F.A. Brockhaus AG, Mannheim; S. 52.1: AKG, Berlin; 52.2: Fotolia LLC (Alexander Raths), New York; S. 52.3: Image Source (Imagesource), Köln; S. 54.1: Mauritius (imagebroker.net), Mittenwald; S. 54.2: Fotofinder GmbH (HIPP-FOTO), Berlin; S. 54.3: Picture-Alliance, Frankfurt; S. 54.4: Picture-Alliance (ZB), Frankfurt; S. 54.5: Ullstein Bild GmbH (Bodig), Berlin; S. 56.1: iStockphoto (Björn Kindler), Calgary, Alberta; S. 56.2: shutterstock (Cornel Achirei), New York, NY; S. 56.3: Picture-Alliance, Frankfurt; S. 56.4: iStockphoto (Luke Daniek), Calgary, Alberta; S. 58.1: Fotolia LLC (Alexander Rochau), New York; S. 58.2: MEV Verlag GmbH, Augsburg; S. 58.3: Niels Bock (Niels Bock), Kiel; S. 58.4+5: MEV Verlag GmbH, Augsburg; S. 59.1: shutterstock (Bartosz Ostrowski), New York, NY; S. 59.2: shutterstock (Jaco van Rensburg), New York, NY; S. 59.3: shutterstock (Valentin Mosichev), New York, NY; S. 60.1: Mauritius, Mittenwald; S. 60.2: Avenue Images GmbH (Stock Disc), Hamburg; S. 60.3: iStockphoto (digitalskillet), Calgary, Alberta; S. 60.4: Avenue Images GmbH (stock disc), Hamburg; S. 60.5: Avenue Images GmbH (Comstock), Hamburg; S. 63.1: JupiterImages photos.com (photos.com), Tucson, AZ; S. 63.2: shutterstock (Hannamariah/Barbara Helgason), New York, NY; S. 63.3: iStockphoto (Sebastian Schubanz), Calgary, Alberta; S. 63.4: Picture-Alliance (Ingo Wagner), Frankfurt; S. 63.5: Deutscher Bundestag (Thomas Imo/photothek.net), Berlin; S. 63.6: MEV Verlag GmbH, Augsburg; S. 64.1: Corbis (Michael Keller), Düsseldorf; S. 64.2: Mauritius (Phototake), Mittenwald; S. 64.3: iStockphoto (Dean Turner), Calgary, Alberta; S. 64: Grafik Altersstruktur, Statistisches Bundesamt S. 66.1: Fotosearch Stock Photography (PhotoDisc), Waukesha, WI; S. 66.3: Bananastock RF, Watlington/Oxon; S. 66.4: Avenue Images GmbH (Banana Stock), Hamburg; S. 66.5: Avenue Images GmbH (Digital Vision), Hamburg; S. 66.6: Klett-Archiv (Thomas Weccard), Stuttgart; S. 67.1: iStockphoto (Jennifer Trenchard), Calgary, Alberta; S. 67.2: Avenue Images GmbH (Image Source/RF), Hamburg; S. 67.3: MEV Verlag GmbH, Augsburg; S. 67.4: Fotosearch Stock Photography (PhotoDisc), Waukesha, WI; S. 67.5: Getty Images RF (PhotoDisc), München; 67.6 iStockphoto (Millanovic), Calgary, Alberta; S. 68: Grafik Schulabschlüsse, Statistisches Bundesamt S. 69: Grafik Bildungssystem, © KMK Dezember 2006, http://www.kmk.org/doku/dt- 2006.pdf S. 70.1+3: Fotofinder GmbH (Caro/Ponizak), Berlin; S. 70.2: iStockphoto (Daniel Rodriguez), Calgary, Alberta; S. 70.4: Picture-Alliance (ZB), Frankfurt; S. 70.5: iStockphoto (Andrea Laurita), Calgary, Alberta; S. 71.1: MEV Verlag GmbH, Augsburg; S. 71.2: Getty Images RF (PhotoDisc), München; S. 71.3: iStockphoto (Mark Evans), Calgary, Alberta; S. 71: Grafik Werte, © Reader's Digest Deutschland: Verlag Das Beste GmbH, http://www.readers-digest.de/service_fuer_journalisten/fileadmin/documents/magazin/0707_Werte_Artikel.pdf, S. 54; S. 74.1: Corel Corporation D, Unterschleissheim; S. 74.2: Klett-Archiv, Stuttgart; S. 74.3: creativ collection Verlag GmbH, Freiburg; S. 74.4: Corel Corporation Kanada, Ottawa, Ontario; S. 76.1+5: Picture-Alliance, Frankfurt; S. 76.2: Mauritius (nnn), Mittenwald; S. 76.3: Fotolia LLC (Snappy), New York; S. 76.4: Picture-Alliance, Frankfurt; S. 76.6: iStockphoto (Lars Ziemann), Calgary, Alberta; S. 76.7: Ullstein Bild GmbH (Schöning), Berlin; S. 76.8: iStockphoto (Terry Healy), Calgary, Alberta; S. 76.9: iStockphoto (tioloco), Calgary, Alberta; S. 76.10: Fotolia LLC (fotosergio), New York; S. 76.11: Picture-Alliance, Frankfurt. S. 76: Zahlenangaben, REMID, www.remid.de S. 80: Text Einbürgerung, © Presse- u. Informationsamt der Bundesregierung, http://www.einbuergerung.de/Einbuergerungsflyer08.pdf; S.4